SCHOOL LETTERS
in
English and Spanish

Published by

Ammie Enterprises
Fallbrook, California

School Letters

in

English and Spanish

Copyright © 1993, 2000

Ammie Enterprises
P.O. Box 151
Fallbrook, CA 92088-0151

1-800-633-5544
FAX (760) 451-2096

All rights reserved. Except for individual pages modified by and used for schools or school districts, no part of this publication may be reproduced, stored in a retrieval system or transmitted, in any form or by any means, electronic, mechanical, photocopying, recording or otherwise, without the prior written permission of the publisher.

Printed in the United States of America

Library of Congress Card Catalog Number 92-90311
ISBN 0-932825-04-4

Introduction

This book of English and Spanish School Letters provides school districts and schools with letters and forms that both give and request information that needs to be communicated between the school and the parents during the school year.

These letters and forms can easily be modified through word and sentence substitutions in order to fit differing situations and the meet specific needs of a particular school or district.

School and district policy as well as state regulations vary greatly. The user should carefully review the contents of these letters and modify them to agree with local policy and practice.

Although spoken Spanish may vary widely from one area to another, written Spanish is generally understood by most Spanish speakers. However, some regional differences may exist, and it is advisable to verify the particular local usage.

PRONUNCIATION GUIDE

Spanish Vowels . . . . **English Pronunciation**

a . . . . "ah" as in father
e (when ending a syllable) . . . . "eh" as in let
e (when a syllable ends in a consonant) . . . . "ay" as in say
i . . . . "ee" as in see
o . . . . "oh" as in open
u . . . . "oo" as in moon
u is silent when preceeded by q (que = keh)

Spanish Consonants . . . . **English Pronunciation**

c (followed by a, o, u) . . . . "k" as in come
c (followed by e, i) . . . . "s" as in this
g (followed by a, o, u) . . . . "g" as in get
g (followed by e, i) . . . . "h" as in hot
h . . . . silent
j . . . . "h" as in has
ll (like English y) . . . . "y" as in yet
ñ . . . . "ny" as in canyon
qu (followed by e, i) . . . . "k" as in king
rr . . . . trilled
v . . . . "b" as in boy
z . . . . "s" as in sun
y (is the Spanish word for "and") . . . . "ee" as in see

Spanish Accents

Most words ending in a consonant, except <u>n</u> or <u>s</u>, are stressed on the last syllable, (example: juven**tud**, profe**sor**).

Most words ending in a vowel or <u>n</u> or <u>s</u> have the stress on the next to the last syllable, (example: **cla**se, **te**la, panta**lo**nes.

Words not pronounced according to these rules will have an accent mark on the syllable to be stressed, (example: lecci**ó**n, tri**á**ngulo).

TABLE OF CONTENTS

Page

Introduction i
Pronunciation Guide ii

BEGINNING AND ENDING THE SCHOOL YEAR 1

Registration Instructions 2
Enrollment Data Form 4
Residence Requirements for School Enrollment 6
Emergency Information Request 8
Emergency Information 10
Home Language Survey 14
Disaster Preparedness 16
Kindergarten Registration Notice 18
Kindergarten Registration Information 20
Kindergarten Schedule and Requirements 22
Kindergarten Information Form 24
Kindergarten Orientation 26
Kindergarten Pre-screening 28
Kindergarten Parent Information Sheet 30
Change of Classroom/Teacher 34
Change of Teacher 36
Year-Round School Schedule 38
Minimum Day Schedule 40
Confidential Information Request 42
Parent Release of Student Information 44
Parent Application for Student Transfer 46
Intra-district Transfer Renewal 48
Intra-district Transfer Cancellation 50
Retention/Preliminary Conference 52
Retention/Final Conference 54
Summer School 56

POLICIES AND PROCEDURES 59

Parental Rights and Responsibilities 60
Student Code of Conduct 70
School-wide Rules and Consequences 74
School Bus Rules 76
Homework Policy 80
Absence Verification 82
Tardiness Policy 84
Dress Code 86

DISCIPLINE ... 89

- Citizenship Expectations ... 90
- After School Detention ... 92
- School Bus Discipline - Special Education ... 94
- Parent Notification - Drugs on School Grounds ... 96
- Parent Notification - Alcoholic Beverages on School Grounds ... 98
- Suspension Notice ... 100

STUDENT HEALTH AND SAFETY ... 103

- Health Records ... 104
- Health History ... 106
- Report of Health Check-up for School Entry ... 108
- K-1 Physical Exam ... 110
- Failure to Comply - Kindergarten Physical Examination ... 112
- Health Report/Referral ... 114
- Health Referral Follow-up ... 116
- Request for Medical Information ... 118
- Incomplete Immunizations ... 120
- Exclusion/Lack of Immunizations ... 122
- Non-Prescription Medicine Release ... 124
- Communicable Disease Information ... 126
- Communicable Skin Disease Information ... 128
- Epidemic Outbreak Exclusion Notice ... 130
- Head Lice ... 132
- Head Lice Treatment ... 134
- Conjunctivitis ... 136
- Bee Sting Medication ... 138
- Notice of Head Injury ... 140
- Head Injury Observation List ... 142
- Dental Screening ... 144
- Dental Health Report ... 146
- Scoliosis Screening ... 148
- Vision Testing ... 150
- Hearing and Vision Appraisal ... 152
- Parent Review of Personal Hygiene Curriculum ... 154
- Personal Hygiene Program ... 156
- Student Safety ... 158
- Strangers Bothering Students ... 160

STUDENT SERVICES ... 163

- Bus Transportation Information ... 164
- Bus Fees ... 166
- Bus Pass Application ... 168
- Bus Transportation - Special Education ... 170
- Breakfast and Lunch Program Guidelines ... 172
- Application for Free and Reduced-price Meals ... 176
- Approval/Denial - Free and Reduced-price Meals ... 180
- School Meals - Price Increase ... 182
- Prepaid Lunches ... 184
- Library Checkouts ... 186

PROGRAMS AND PLACEMENT ... 189

- Magnet School Application ... 190
- Learning Assistance Program - Attendance ... 192
- Chapter One Qualification ... 194
- Language/Speech/Hearing Survey ... 196
- Bilingual Education Program ... 198
- Bilingual Education Placement ... 200
- Special Education Placement ... 202
- Special Education Reevaluation ... 204
- Intervention Team Meeting ... 206
- Individualized Education Plan ... 208
- Special Education Summer School ... 210
- Gifted and Talented - Eligibility ... 212
- Gifted and Talented - Parent Checklist ... 214
- Gifted and Talented - Student Placement ... 216

STUDENT ACTIVITIES ... 219

- Instrumental Music Program ... 220
- Requirements for Sports Activity Participation ... 222
- Permission for Participation in School Athletics ... 224
- Sports - Physical Examination ... 226
- Athletic Participation Card ... 228
- Field Trip and Off-Campus Activity - Permission Form ... 230
- Field Trip Permission Form ... 232
- Fire Station Field Trip Permission Form ... 234
- Outdoor Education ... 236
- Halloween Activities ... 238
- Winter Holiday Program ... 240
- Walk/Jog-a-Thon Fund-raiser ... 242
- Walk/Jog-a-Thon Sponsor Pledge Sheet ... 244
- Scouts ... 246

PARENT - SCHOOL COLLABORATION ... 249

- Report Cards - Parent Conferences ... 250
- Parent Conferences - Minimum Day Schedule ... 252
- Parent Conference Procedure Evaluation ... 254
- Bilingual Advisory Committee ... 256
- Spanish-speaking Parent Group ... 258
- School Site Council Nominations ... 260
- Parent/School Association Membership Drive ... 262
- School Volunteers ... 264
- Parent-Teacher Forum Meeting Notice ... 266
- Parent-Teacher Forum Elections ... 268
- Helping a Child at Home ... 270
- Parent-Child Reading Program ... 272
- Adult Education ... 274
- Teacher Appreciation ... 276
- School-Family Picnic ... 278
- School-Family Picnic Ticket Sale ... 280
- Back-to-School Night ... 282
- Open House Reminder ... 284
- District GATE Parent Meeting ... 286

Beginning and Ending the School Year

REGISTRATION INSTRUCTIONS

Registration Instructions

This registration packet contains forms required to enroll your child at _____ School. Please read these instructions carefully.

As soon as _____ School has all the enrollment information for your child, his/her name will be placed on a class list. To insure that we have adequate space for all the children who reside in the _____ School area, we encourage you to complete, sign and return the attached forms as soon as possible.

At the time of registration you will need to provide the following verification of information:

1. **Proof of Birth Date:** Proof of birth date must be a <u>legal</u> birth certificate, a duly attested baptismal certificate, a passport or an immigration card. In order for a child to enter kindergarten he/she must be five years of age on or before _____ .

2. **Proof of Immunizations:** Immunizations must be up-to-date. A letter from your doctor or clinic listing dates of immunizations or an official immunization record is acceptable.

3. **Proof of Residence/Address:** Students must reside within the boundaries of _____ School. Residence is defined as the place where the student and parent/guardian physically reside on a regular basis. This may be verified by one of the following: (1) rent receipt, escrow or mortgage papers, (2) utility bills addressed to the parent or guardian at an address within the district, (3) voter registration certificate, (4) valid driver's license, (5) vehicle registration or (6) tax receipts.

Instrucciones para Matricular a Los Niños

Este paquete de documentos contiene los impresos necesarios para matricular a su niño(a) en la escuela _____. Por favor lea estas instrucciones cuidadosamente.

Tan pronto como la escuela _____ tenga toda la información para matricular a su hijo(a) se le asignará a una clase. Para asegurarnos de que haya lugar adecuado para todos los niños que viven en el área de la escuela _____, favor de completar, firmar, y devolver los impresos adjuntos lo antes posible.

Para matricular al niño(a) será necesario que presente verificación de la siguiente información:

1. **Prueba de Fecha de Nacimiento:** Prueba de fecha de nacimiento debe ser una acta oficial de nacimiento, una partida de bautismo, un pasaporte o una tarjeta de inmigración (Green card). Para que un niño(a) pueda entrar al kínder, él (ella) debe haber cumplido los cinco años de edad el _____ o antes.

2. **Prueba de Vacunas:** Los niños(as) tienen que estar al corriente con sus inmunizaciones. Una carta del doctor o clínica especificando las fechas de la administración de las vacunas, o libro de registro oficial de vacunas es aceptable.

3. **Prueba de Residencia (Domicilio):** Los estudiantes tienen que vivir dentro de los límites de la escuela _____. La residencia se define como el lugar donde el estudiante y su padre/madre/tutor residen físicamente y de manera regular. Esto se puede verificar con uno de los siguientes documentos: (1) un recibo de renta o documentos de la hipoteca de su casa, (2) alguna cuenta de servicios públicos (ej. de luz, gas, agua). Tiene que estar a nombre del padre/madre/tutor con dirección en el distrito, (3) un certificado de inscripción electoral, (4) una licencia válida de manejar, (5) un registro de vehículo o (6) recibos de impuestos.

ENROLLMENT DATA FORM

Enrollment Data Form

--(For Office Use Only)--

Proof of Age/Name for Admission   **Records Requested**   Grid Code: _____
___ Birth Certificate #: _____   _____ PPS   Perm #: _____
___ Baptism Certificate   _____ School   Student #: _____
___ Affidavit of Parent   School: _____
___ Passport/Visa #: _____   Grade: _____
___ Transfer   Date of Entry: _____
Address Verification   Sp. Ed./Gifted: _____
___ Utility Bill   Teacher: _____
___ Rental/Escrow   Ethnic Code: _____
Other: _____

--(Do Not Write Above This Line)--

Please Print

_____ _____ _____ _____ _____
Student's Legal Last Name   Last Name Used   Legal First   Used First   Middle

_____ _____ _____ _____
Sex (M/F)   Grade   Birth Date   City and State of Birth

_____ _____
Address of Student   (Street, Apt., Zip Code)   Home Phone #

_____ _____
Father's Work #   Mother's Work #

Parents - Last Name, First

_____ _____
Circle 1: Father/Stepfather/Guardian/Foster Father   Circle 1: Mother/Stepmother/Guardian/Foster Mother

___ Deceased ___ Div. ___ Not in Home   ___ Deceased ___ Div. ___ Not in Home

_____ _____
Address if Different From Above   Address if Different From Above

_____ _____
Place of Employment   Place of Employment

Brothers and Sisters Living at Home   **Brothers and Sisters Living at Home**
<u>Full Name</u>   <u>Birth Date</u>   <u>Full Name</u>   <u>Birth Date</u>

1. _____ _____   4. _____ _____
2. _____ _____   5. _____ _____
3. _____ _____   6. _____ _____

_____ _____
Last School Attended   Address of Last School (City, State, Zip Code)

Has this student ever attended a public school in _____ ?   ___ No ___ Yes   Name of School/Yr./Gr.: _____
Has this student ever been retained or skipped a grade?   ___ No ___ Yes   Grade: _____
Has this student ever been identified as mentally gifted and talented?   ___ No ___ Yes
Has this student ever been in any special program?   ___ No ___ Yes   Type of Program: _____
Is this student currently in any special program?   ___ No ___ Yes   Type of Program: _____

ENROLLMENT DATA FORM

Impreso de Matrículas

--(Solamente para el Uso de la Oficina)--

----Proof of Age/Name for Admission **Records Requested** Grid Code: _____
  ___ Birth Certificate #: _____ _____ PPS   Perm #: _____
  ___ Baptism Certificate   _____ School   Student #: _____
  ___ Affidavit of Parent   School: _____
  ___ Passport/Visa #: _____   Grade: _____
  ___ Transfer   Date of Entry: _____
Address Verification   Sp. Ed./Gifted _____
  ___ Utility Bill   Teacher: _____
  ___ Rental/Escrow   Ethnic Code: _____
Other: _____

--(No Escriba en la Parte de Arriba)--

Favor de Usar Letra de Molde

_____ _____ _____ _____ _____
Apellido Legal del Alumno   Apellido que Usa   Nombre de Pila   Nombre que Usa   Segundo Nombre

_____ _____ _____ _____
Sexo (M/F)   Grado   Fecha de Nacimiento   Lugar de Nacimiento (Ciudad & Estado)

_____   _____
Domicilio del Alumno   (Calle, Apt., Código Postal)   Número de Teléfono de Casa

_____   _____
Número de Teléfono del Trabajo del Padre   Número de Teléfono del Trabajo de la Madre

Padres - Apellido, Primer Nombre

_____   _____
Marque 1: Padre/Padrastro/Tutor/Padre Adoptivo   Marque 1: Madre/Madrastra/Tutora/Madre Adoptiva

___ Fallecido ___ Div. ___ No Vive en Casa   ___ Fallecida ___ Div. ___ No Vive en Casa

_____   _____
Dirección (Si es Diferente de la Ya Indicada)   Dirección (Si es Diferente de la Ya Indicada)

_____   _____
Lugar de Empleo   Lugar de Empleo

Hermanos, Hermanas que Viven en Casa   **Hermanos, Hermanas que Viven en Casa**
Nombre Completo   Fecha de Nacimiento   Nombre Completo   Fecha de Nacimiento

1. _____ _____   4. _____ _____
2. _____ _____   5. _____ _____
3. _____ _____   6. _____ _____

_____   _____
Ultima Escuela a la que Asistió   Dirección de la Ultima Escuela (Ciudad, Estado, Código Postal)

¿Este alumno ha asistido a una escuela pública en _____?   ___ No   ___ Sí   Nombre de la Escuela/Año/Grado: _____
¿Este alumno ha sido reprobado o se saltó algún grado?   ___ No   ___ Sí   Grado: _____
¿Este alumno ha sido clasificado como mentalmente dotado?   ___ No   ___ Sí
¿Este alumno ha participado en algún programa especial?   ___ No   ___ Sí   Tipo de Programa: _____
¿El alumno está ahora en algún programa especial?   ___ No   ___ Sí   Tipo de Programa: _____

RESIDENCE REQUIREMENTS FOR SCHOOL ENROLLMENT

Please Read Carefully

Residence Requirements for School Enrollments

No student will be permitted to attend the schools of the _____ District unless the student is a legal resident of the area served by the school district and is able to furnish a permanent address within the district's boundaries or has a special permit to attend the school.

The following may be submitted but do not necessarily constitute sufficient proof of residence or that a pupil is within the boundaries of the school district: (1) rent receipts, (2) utility bills addressed to an address within the district, (3) voter registration certificate, (4) driver's license, (5) vehicle registration, or (6) tax receipts.

<u>Residence information will be verified</u>. Should it be determined that residence requirements are not being satisfied, the pupil's enrollment shall be terminated immediately, upon notification to the parent/legal guardian.

Statement of Residency

I. I/We have read the above provisions.

II. I/We understand and certify that this affidavit is signed under penalty of perjury and any false information provided herein will render me/us subject to appropriate penalties for perjury.

III. I/We reside at _____ (Street) _____ (City) and have resided at that address from _____ (Month) _____ (Year) to present.
(<u>Note</u>: Residence is defined as the place where the student and the parent/guardian physically reside on a regular basis.)

IV. I/We can be reached at home by telephone at _____.

V. I am/We are the person(s) having legal custody or guardianship responsibilities for the child/ren being enrolled.

VI. The pupil is living with the following adults:
___ Mother ___ Father ___ Guardian ___ Stepfather ___ Stepmother ___ Foster Parents
___ Brother ___ Sister ___ Other: (Specify relationship) _____

We/I hereby declare that the foregoing information is true and correct. I will notify the school office of any change in the residence or telephone information cited above within seven (7) days of such a change.

1. _____ 2. _____ Relationship to Child: _____
   Signature(s) of Person(s) Executing Affidavit

Date: _____ Witnessed by: _____
                                           Signature of School Employee

RESIDENCE REQUIREMENTS FOR SCHOOL ENROLLMENT

<u>Favor de Leer con Atención</u>

Requisitos de Residencia para la Matriculación en la Escuela

A ningún alumno le será permitido asistir a las escuelas del Distrito _____, a menos que sea residente legal del área servida por el Distrito, y pueda dar una dirección permanente que esté dentro de los límites del Distrito, o tenga un permiso especial para asistir a la escuela.

Lo siguiente puede ser presentado, pero no necesariamente constituye lo suficiente para dar prueba de residencia, o que el alumno esté dentro de los límites del Distrito Escolar: (1) recibos de renta, (2) recibos de agua, luz, teléfono, etc., con dirección dentro del distrito escolar, (3) certificado de votante, (4) licencia de manejar, (5) matrícula de vehículo o (6) recibos de impuestos.

<u>La información sobre la residencia será verificada</u>. Si se determina que los requisitos de residencia no han sido satisfechos, la inscripción del alumno será terminada inmediatamente, al notificarse a los padres/tutores.

Declaración de Residencia

I. He/Hemos leído las provisiones ya mencionadas.

II. Entiendo y certifico/Entendemos y certificamos que esta declaración es firmada bajo pena de perjurio y cualquier falsa información es castigada con las penas apropiadas por perjurar.

III. Yo/Nosotros residimos en _____(Calle) _____ (Ciudad) y hemos permanecidos en esta dirección desde _____ (Mes) _____ (Año), a la presente.
(<u>Nota</u>: "Residencia" es definida como el lugar donde el alumno y padres/tutores viven de manera regular.)

IV. Mi/Nuestro número de teléfono en casa es el: _____.

V. Yo soy/Nosotros somos la/s persona/s que tiene/n custodia legal o responsabilidad de tutor por esto niño/estos niños.

VI. El alumno vive con los siguientes adultos:
___ Madre ___ Padre ___ Tutor ___ Padrastro ___ Madrastra ___ Padres Adoptivos
___ Hermano ___ Hermana ___ Otro: (Favor de especificar parentesco) _____

Yo/nosotros por la presente, declaramos que la información dada es cierta y correcta. Notificaré/mos a la oficina de la escuela de cualquier cambio de residencia o número de teléfono dentro de un período de siete (7) días de tal cambio.

1. _____ 2. _____ Parentesco al Alumno: _____
Firma/s de Persona/s Efectuando esta Declaración

Fecha: _____ Atestiguado por: _____
Firma del Empleado de la Escuela

Emergency Information

Date: _____

Dear Parents or Guardians,

For your child's safety and welfare, will you please complete the following form and return it to school as soon as possible. Please give us complete information including emergency names and reliable phone numbers. Sign the form where indicated. It is very important that we are able to communicate with someone who can provide transportation in case of an emergency. This information will remain confidential and will only be used in case of an emergency.

_____
Principal

Información para en Caso de Emergencia

Fecha: _____

Estimados Padres o Tutores:

    Para la seguridad y el bienestar de su niño(a), favor de completar el formulario adjunto y devolverlo a la escuela lo antes posible. Favor de darnos la información completa con nombres y números telefónicos confiables. Firme la hoja donde se indica. Es muy importante que podamos comunicarnos con alguien que pueda proporcionar transporte en caso de una emergencia. Esta información es confidencial y se usará solamente en caso de una emergencia.

_____
Director(a)

EMERGENCY INFORMATION

Emergency Information

Student's Name: _____ Sex: ___ M ___ F Date of Birth: _____
                   (Last)   (Middle)   (First)
Social Security No.: _____ Home Telephone: _____
Street: _____ City: _____ Zip: _____
Bus #: _____ Home Room: _____ Grade: _____ Track: _____ Teacher: _____

Languages spoken at home: _____

If not at home, where can the parents be reached?
Father: _____ Social Security No.: _____
Employer: _____ Work Telephone: _____
Mother: _____ Social Security No.: _____
Employer: _____ Work Telephone: _____

If you cannot be reached, please list the names of two persons (relatives, neighbors, etc.) who will assume temporary care of your child until you are available.

Name: _____
Relationship: _____ Telephone: _____
Name: _____
Relationship: _____ Telephone: _____

Are there any present medical conditions or allergies which should be known? Bee stings? _____
Other? _____
_____

Your child's doctor: _____ Telephone: _____

Please read and sign the following statement:

In the case of an emergency situation, such as an accident or serious illness, I understand that the school shall attempt to contact me. If I cannot be reached, I authorize the school to contact the doctor listed on this form and follow the doctor's directions. If the doctor cannot be contacted, I authorize the school to take whatever steps seem necessary.

Date: _____ Parent or Guardian: _____

Can we give this information to the Parent-School organization?   ___ Yes   ___ No

___ Yes ___ No   If your child becomes seriously ill or is injured and we cannot reach you, may we take your child to your doctor or to the nearest hospital?

___ Yes ___ No   May we call an ambulance?

Please note: In case of emergency, we will call the paramedics.

EMERGENCY INFORMATION

Información para en Caso de Emergencia

Nombre del Alumno _____ Sexo: ___ M ___ F Fecha de Nacimiento: _____
                       (Apellido) (Nombre de Pila) (Inicial)

Seguro Social: _____ Teléfono-Casa: _____
Dirección: _____ Ciudad: _____ Código Postal: ____
Autobús #: ____ Salón Principal: _____ Grado: ___ Horario: ____ Maestro/a: _____

Idiomas usados en casa: _____

Si no están en casa ¿Cómo podemos ponernos en contacto con los padres?
Padre: _____ Seguro Social: _____
Lugar de Trabajo: _____ Teléfono-Trabajo: _____
Madre: _____ Seguro Social: _____
Lugar de Trabajo: _____ Teléfono-Trabajo: _____

Si no podemos comunicarnos con Uds., favor de dar los nombres de dos personas, (parientes, vecinos, etc.), que puedan cuidar temporalmente a su niño hasta que Uds. estén disponibles.

Nombre: _____
Relación o Parentesco: _____ Teléfono: _____
Nombre: _____
Relación o Parentesco: _____ Teléfono: _____

¿Hay algunas condiciones médicas o alergias de las cuales debamos saber?
¿Picadura de abeja? _____ ¿Otra? _____

El médico de su niño: _____ Teléfono: _____

Por favor lea y firme la declaración siguiente:

En caso de una situación de emergencia, como accidente o enfermedad seria, yo entiendo que el personal de la escuela tratará de ponerse en contacto conmigo. Si no me puede localizar, autorizo a la escuela a que llame al médico indicado en este impreso, y a que siga las instrucciones del médico. Si el médico no puede ser contactado, autorizo a la escuela para que tome cualquiera medida que sea necesaria.

Fecha: _____ Padre o Tutor: _____

¿Podemos darle esta información a la organización escolar de padres?   ___ Sí   ___ No

___ Sí ___ No ¿Si su hijo se enferma gravemente o se lastima y no podemos ponernos en contacto con usted, podemos llevarlo a su médico o al hospital más cercano?

___ Sí ___ No ¿Podemos llamar a una ambulancia?

Por favor tome nota: En caso de una emergencia, llamaremos a los paramédicos.

EMERGENCY INFORMATION, page 2

Vision

The student uses glasses ___ Yes ___ No
   ___ Continually
   ___ Just for reading
   ___ Just for distance

Hearing

The student has hearing problems ___ Yes ___ No
Describe: _____
_____
_____

List any medical problems you wish to make known to the school: _____
_____

State law requires that parents/guardians of any public school student need to inform the school of any medication the child takes on a regular basis. Please request a form from your child's school if medication is to be taken at school.

List any medication taken regularly: _____
_____

Is there any restriction on participation in physical education? ___ Yes ___ No
Please explain: _____
_____

_____   _____
Signature of Parent or Guardian   Date

EMERGENCY INFORMATION, page 2

Vista

El alumno usa lentes ___ Sí ___ No
   ___ Continuamente
   ___ Solamente para leer
   ___ Solamente para ver de lejos

Oído

El alumno tiene problemas con el oído ___ Sí ___ No
Describa: _____
_____
_____

Anote los problemas médicos sobre los que desee informar a la escuela: _____
_____

La ley estatal requiere que los padres/tutores de un alumno que asiste a la escuela pública tienen que informar a la escuela sobre cualquier medicamento que esté tomando con frecuencia el alumno. Por favor llame a su escuela para pedir impresos e información si su hijo/a debe tomar medicina en la escuela.

Enumere los medicamentos que toma con regularidad: _____
_____

¿Tiene alguna limitación de participar en educación física? ___ Sí ___ No
Por favor explique: _____
_____

Firma del Padre/Madre/Tutor   Fecha

HOME LANGUAGE SURVEY

Home Language Survey - English

The Education Code requires that schools determine the language(s) spoken at home by each student. This information assists schools in providing meaningful instruction for all students.

Your cooperation in helping us meet this important requirement is requested. Please answer the following questions and have your son or daughter return this form to his (her) teacher. Thank you for your help.

Date: _____ School: _____

Name of Student: _____

Grade: _____ Age: _____ Date of Birth: _____

Teacher: _____ Track: _____

1. What language did your son or daughter learn when he or she first began to talk?

   _____

2. What language does your son or daughter most frequently use at home?

   _____

3. What language do you use most frequently to speak to your son or daughter?

   _____

4. What language is most often spoken by the adults at home?

   _____

Signature of Parent or Guardian: _____

Encuesta Sobre el Idioma Hablado en Casa - Español

El Código de Educación requiere que las escuelas determinen el idioma que se habla en el hogar de cada estudiante. Esta información nos ayuda a proveer la apropiada instrucción a todos los estudiantes.

Le pedimos su cooperación para que podamos cumplir con este importante requisito. Por favor conteste las siguientes preguntas y haga que su hijo(a) devuelva este impreso a su maestro(a). Gracias por su ayuda.

Fecha: _____ Escuela: _____

Nombre del Alumno: _____

Grado: _____ Edad: _____ Día, Mes y Año de Nacimiento: _____

Maestro(a): _____ Horario: _____

1. Cuando su hijo(a) empezó a hablar ¿Qué idioma aprendió primero?

   _____

2. ¿Qué idioma habla su hijo(a) con más frecuencia cuando conversa en casa?

   _____

3. ¿Qué idioma habla usted con más frecuencia cuando habla con su hijo(a)?

   _____

4. ¿Qué idioma hablan los adultos con más frecuencia en casa?

   _____

Firma del Padre o Tutor: _____

DISASTER PREPAREDNESS

Dear Parents or Guardians: Date: _____

The purpose of this letter is to make you aware of the plans we have made at _____ School in the event of a serious natural disaster. Please read and <u>save this letter</u>.

<u>Safety of School Buildings</u>
District students are housed in buildings which meet state specifications. They are built to be resistant to natural disasters.

<u>During a Disaster</u>
Teachers will command "duck, cover and hold." Students and personnel will remain under desks or in other appropriate locations until the danger is over. When the danger is over, students will be dismissed as a class, under teacher supervision, to predesignated areas outside the buildings. They will remain outside until buildings are judged safe by qualified inspectors.

<u>Telephone/Communications</u>
If telephones are operational following a serious disaster, their use will be restricted to reporting medical, fire or other emergencies. <u>Please do not call the school. Information for parents will be released by radio on stations</u> _____. Parents will be advised regarding school conditions, dismissal times and procedures.

<u>Dismissal</u>
In the event of a disaster, <u>school will not be dismissed and children will remain under the supervision of school authorities.</u>

<u>Picking Up Your Child</u>
No child will be released to anyone other than his/her parent or guardian, except under the following conditions:

1. The person is listed on your child's Emergency Information card in the school office.

2. The signature and phone number of any person signing a child out will be required before the child is released.

3. <u>If any of the above are judged to be in doubt, the child will remain in the care of the school.</u>

Please minimize the possibility of a traffic jam and facilitate the smooth release of children by walking to school when possible.

<u>Emergency Information Card</u>
Keep the information on your child's Emergency Information card current.

Thank you for your cooperation in this important matter. If you have any questions regarding this information, please call the school at _____.

                                            Sincerely,

                                            _____
                                            Principal

DISASTER PREPAREDNESS

Estimados Padres o Tutores: Fecha: _____

El propósito de esta carta es informarles de los planes que tenemos en la escuela _____ en caso de un desastre natural. Favor de leer y <u>conservar esta carta</u>.

Seguridad de los Edificios Escolares
Los estudiantes de nuestro distrito están en edificios que satisfacen los requisitos del estado. Están construidos para resistir desastres.

Cuando Haya un Desastre
Los maestros dirán en voz alta "agáchense, cúbranse y agárrense." Los estudiantes y el personal permanecerán debajo de los escritorios, o en otros lugares apropiados, hasta que el peligro haya terminado. Cuando haya terminado el peligro, se dará permiso a los estudiantes de salir como grupo y bajo la supervisión del maestro a lugares previamente designados fuera de los edificios. Todos permanecerán fuera hasta que inspectores determinen que los edificios son lugares seguros.

Teléfono/Comunicaciones
Si después de un desastre todavía funcionan los teléfonos, éstos solamente se usarán para reportar emergencias médicas, fuegos u otros emergencias. <u>Favor de no llamar a la escuela. Se dará información a los padres por medio de la radio en las estaciones</u> _____. Se proporcionará información a los padres acerca de las condiciones en la escuela, hora de salida de los niños y los procedimientos que se llevarán a cabo.

Permiso de Salida
En caso de un desastre, <u>no se dará permiso a los niños de salir y permanecerán bajo la supervisión de las autoridades escolares.</u>

Para Recoger a su Hijo/a
No entregaremos a ningún niño/a a otra persona que no sea su padre/madre o tutor, excepto en las siguientes circunstancias:

1. A la persona que esté en la lista de la tarjeta de emergencia en la oficina escolar.

2. Se requerirá la firma y el número de teléfono de la persona que vaya a recoger al estudiante antes de permitir que se lleve al estudiante.

3. <u>Si hay duda, el estudiante permanecerá bajo el cuidado del personal escolar.</u>

Para reducir la posibilidad de embotellamiento de tráfico y mejor facilitar la entrega de sus hijos/as haga el favor de venir caminando a la escuela si es posible.

Tarjeta de Información de Emergencia
Conserve actualizada la información en la Tarjeta de Información en Caso de Emergencia de su hijo/a.

Gracias por su cooperación en este asunto tan importante. Si tienen alguna pregunta acerca de esto, por favor llamen al teléfono _____.

Atentamente,

_____
Director/a

KINDERGARTEN REGISTRATION NOTICE

Kindergarten Registration

_____ School will begin taking kindergarten registrations on _____. We will only register children who will be five years old before _____.

When you come to register your child, please bring a copy of his/her birth certificate or other legal proof of birth date, a copy of your child's immunization record and verification of your residence address. We cannot enroll children without these verifications.

To ensure that we have adequate space for all the children who reside in the _____ School area, we encourage you to enroll your child as soon as possible. If you know of other families with children who will be starting school, please encourage them to enroll their children also.

Matrícula de Kindergarten

La escuela _____ va a empezar a recibir matrículas para kindergarten el _____. Solamente los niños que cumplen cinco años antes de _____ pueden matricularse.

Cuando vengan a matricular a su niño(a) favor de traer una copia del acta de nacimiento u otra prueba oficial de la fecha de nacimiento de su niño(a), comprobante de inmunizaciones, y verificación de su domicilio (dirección). No podemos matricular a su niño(a) sin estos documentos.

Para garantizar que haya cupo adecuado para todos los niños que residen en el área de la escuela _____, favor de matricular a su niño(a) lo antes posible. Si usted sabe de otras familias con niños de esta edad, por favor dígales que ellos también necesitan matricular a sus niños lo antes posible.

KINDERGARTEN REGISTRATION INFORMATION

This registration packet contains a form required to enroll your child in kindergarten. Please read these instructions carefully.

As soon as _____ School has all the enrollment information for your child, his/her name will be placed on a class list. To insure that we have adequate space for all the children who reside in the _____ School area, we encourage you to return this information as soon as possible.

Please complete, sign and return the attached forms by: _____.

At the time of registration you will need to provide the following verification of information:

1. **Proof of Birth Date**
In order for a child to enter kindergarten, he/she must be five years of age on or before _____. Proof of birth date must be a legal birth certificate, a duly attested baptismal certificate, a passport or an immigration card.

2. **Proof of Immunizations**
Immunizations must be up-to-date. A letter from your doctor or clinic listing dates of immunizations, or an official immunization record is acceptable.

3. **Proof of Residence Address**
Students must reside within _____ School's boundaries. Residence is defined as the place where the student and parent/guardian physically reside on a regular basis. This may be verified by one of the following: (1) rent receipt, escrow or mortgage papers, (2) utility bills addressed to the parent/guardian showing an address within the district, (3) voter registration certificate, (4) valid driver's license, (5) vehicle registration or (6) tax receipts.

We will have morning and afternoon kindergarten classes. In order to be fair to all, class time preferences will be given on a first-come first-served basis. As soon as you have returned all the completed forms and provided all the necessary verifications, you will have the option of stating your preference for morning or afternoon kindergarten for your child. We will attempt to honor those requests. However, we cannot guarantee the placement you request.

An invitation to Orientation Day and information regarding you child's class assignment and teacher will be sent to you prior to the start of school.

KINDERGARTEN REGISTRATION INFORMATION

Este paquete de documentos contiene un impreso necesario para matricular a su hijo(a) en el kínder. Por favor lea estas instrucciones cuidadosamente.

Tan pronto como la escuela _____ tenga toda la información para matricular a su hijo(a) se le destinará a una clase. Para asegurarnos de que haya suficiente espacio para todos los niños que viven en el área de la escuela _____, le pedimos que devuelva esta información lo antes posible.

Favor de completar, firmar, y devolver los impresos a más tardar el: _____.

Cuando matricule al niño(a) será necesario que presente verificación de la siguiente información:

1. **Verificación de Fecha de Nacimiento**

    Para que un niño(a) pueda entrar al kínder, él (ella) tiene que haber cumplido los cinco años de edad el _____ o antes. Prueba de la fecha de nacimiento debe ser una acta oficial de nacimiento, una partida de bautismo, un pasaporte o una tarjeta de inmigración (Green Card).

2. **Verificación de Vacunas**

    Los niños(as) tienen que estar al día con sus inmunizaciones. Una carta del doctor o clínica especificando las fechas de vacunación o libro de registro oficial de vacunas es aceptable.

3. **Verificación de Domicilio/ Residencia**

    Los estudiantes tienen que vivir dentro de los límites de la escuela _____. La residencia se define como el lugar donde el estudiante y su padre/madre/tutor residen físicamente y de manera regular. Esto se puede verificar con uno de los siguientes documentos: (1) un recibo de renta o documentos de la hipoteca de su casa, (2) alguna cuenta de servicios públicos (ej. de luz, gas, agua) - Tiene que estar a nombre del padre/madre/tutor con la dirección en el área del distrito, (3) un certificado de inscripción electoral, (4) licencia válida de manejar, (5) registro del vehículo o (6) recibos de impuestos.

Tendremos clases de kínder por la mañana y por la tarde. Para ser lo más justos posible, las preferencias de horario de clase se darán por orden, basándose en la fecha de matrícula completada. Es decir, en cuando devuelvan todos los impresos completados y hayan presentado todas las verificaciones necesarias, tendrán la opción de expresar su preferencia para que su niño(a) vaya al kínder por la mañana o por la tarde. Trataremos de darles lo solicitado, pero no podemos garantizar que se obtenga el horario preferido.

Antes del comienzo de las clases, recibirán una invitación para el Día de Orientación, e información sobre la clase y el (la) maestro(a) de su niño(a).

KINDERGARTEN SCHEDULE AND REQUIREMENTS

Date: _____

Dear Kindergarten Parents or Guardians:

Welcome to _____ School. We are pleased to inform you that your child will be in the ____ morning class ____ afternoon class, room number _____, with _____ beginning _____ at _____.

We will have ____ kindergarten classes this year, ____ in the morning and ____ in the afternoon. The morning schedule will be _____ to _____ and the afternoon schedule _____ to _____. In order to be fair to all, we feel that it is best to give every student an opportunity to have school in the morning and the afternoon; therefore, we will be changing our schedule at the end of first semester. The students who start in the morning now will change to the afternoon class, and those starting in the afternoon will change to the morning class. Their teachers will make the change with them. The change will become effective _____.
We are notifying you now so that you will have time to make whatever child care arrangements are necessary.

It would be appropriate for you to bring your child to school before school starts to walk around the grounds and see the kindergarten rooms so he/she knows where he/she will be going to school. Also, please attend Kindergarten Orientation Day on _____ from _____ to _____, in the kindergarten area. School is often a mystery to the children, and the more that you can prepare them the easier the transition will be.

Listed below are the requirements for enrollment in kindergarten. If you have not met all of these requirements you MUST do so BEFORE school entry. Your child's incomplete records are checked. If you do not supply them, your child will not be admitted to class.

We trust your child will have a very happy, successful school year, and we look forward to having your child here.

                        Sincerely,

                        _____
                        Principal

<u>Required forms not yet on file:</u>

_____ Birth Certificate or other legal verification of age
_____ Proof of Residence
_____ Health Check-up Form

Immunizations needed: _____ DPT _____ MMR _____ Polio _____ Other: _____

KINDERGARTEN SCHEDULE AND REQUIREMENTS

Fecha: _____

Estimados Padres o Tutores de Estudiantes de Kínder:

Bienvenidos a la escuela _____. Nos agrada informales que su hijo/a asistirá a clase ____ por la mañana ____ por la tarde, en el salón número ____, con _____, empezando _____ a _____.

Tendremos ____ clases de kínder este año, ____ por la mañana y ____ por la tarde. El horario de la mañana será de _____ a _____, y el horario de la tarde será de _____ a _____. Para ser justos con todos creemos que es mejor darle a cada estudiante la oportunidad de tener clases por la mañana y por la tarde; por eso cambiaremos el horario al final del primer semestre. Los estudiantes que empiezan por la mañana ahora, se cambiarán a la clase de la tarde; y los que empiezan por la tarde ahora se cambiarán a la clase de la mañana. Sus maestros también se cambiarán con ellos. El cambio será el _____. Estamos dándoles aviso de esto ahora, para que tengan tiempo de arreglar lo necesario para el cuidado de su hijo/a.

Sería bueno que antes de que comiencen las clases se den una vuelta por la escuela con su hijo/a y ven las aulas de kínder para que él/ella sepa dónde son sus clases. También por favor asista al Día de Orientación de Kínder el _____ desde las _____ hasta las _____ en el área del kínder. La escuela es muchas veces un misterio para los niños y cuanto más los preparen Uds. para este día, mucho más fácil será para ellos la transición.

Abajo hemos anotado los requisitos para la matrícula en el kínder. Si no han cumplido con todos estos requisitos DEBEN hacerlo ANTES del primer día de clases. Todos los archivos incompletos son revisados antes del comienzo de las clases. Si Uds. no han traído los necesarios documentos, su niño/a no será admitido en la clase.

Deseamos que su hijo/a tenga un agradable y próspero año escolar, y de antemano nos alegra tenerlo/a aquí con nosotros.

Atentamente,

_____
Director/a

<u>Impresos requeridos aún no recibidas:</u>

_____ Certificado de Nacimiento u otro documento oficial de verificar la edad
_____ Prueba de Residencia
_____ Formulario de Examen Médico

_____ Vacunas que necesita: _____ DTP _____ MMR _____ Polio _____ Otra: _____

KINDERGARTEN INFORMATION FORM

Kindergarten Information Form

Child's Name: _____ Nickname: _____
Address: _____ Birth Date: _____
Father: _____ Mother: _____ Phone: _____

Care during day
provided by: _____

Father's type of work: _____ Mother's type of work: _____

How many children in child's family? _____

    Brothers' Names: Ages: Sisters' Names: Ages:

    _____   _____   _____   _____
    _____   _____   _____   _____
    _____   _____   _____   _____

Languages spoken in the home: English _____ Spanish _____ Other _____

Please indicate any handicaps: _____
Has your child ever had difficulty with: Vision _____ Hearing _____ Speech _____ ?
Please indicate type of difficulty: _____

Any previous school experiences: Preschool _____ Kindergarten _____ How long? _____
Child's reaction to school at that time: _____

How does your child spend his (her) time at home? _____

What does he (she) enjoy doing with others? _____

What does he (she) enjoy doing alone? _____

What responsibilities does he (she) have at home? _____

With what age group does he (she) seem to prefer to play? _____

What is the best method to use to get your child's cooperation? _____
_____

What kinds of discipline does he (she) respond to best? _____
_____

Please check the following activities that pertain to your child:
    _____ enjoys looking at books   _____ listens to stories
    _____ ties his (her) own shoes   _____ dresses himself (herself)
    _____ counts to 10 or higher   _____ listens to music

Please list below anything you feel we should know about your child (interests, abilities, attitudes) in order to make his (her) year in kindergarten more profitable. (Please use separate page if necessary.)

_____
_____

KINDERGARTEN INFORMATION FORM

Impreso de Información del Kínder

Nombre del Niño(a): _____ Apodo: _____
Domicilio: _____ Fecha de Nacimiento: _____
Padre: _____ Madre: _____ Teléfono: _____

Nombre de la persona/lugar que le cuida al niño(a) durante el día:
_____

Tipo del trabajo: del padre _____ de la madre _____

¿Cuántos niños hay en la familia? _____
      Nombres de los Hermanos: Edad: Nombres de las Hermanas: Edad:
      _____   _____   _____   _____
      _____   _____   _____   _____
      _____   _____   _____   _____

Lenguajes hablados en casa: Inglés _____ Español _____ Otro _____

Por favor indicar incapacidades: _____
¿Su hijo(a) ha tenido dificultades con: la Vista _____ el Oído _____ el Habla _____?
Por favor indique el tipo de dificultad: _____

¿Ha asistido a la escuela anteriormente?: Pre-escuela _____ Kínder _____ ¿Por cuánto tiempo? _____
Actitud del niño(a) hacia la escuela durante ese tiempo: _____

¿Cómo pasa el tiempo su niño(a) en casa? _____

¿Qué cosas gusta de hacer con otros niños? _____

¿Qué le gusta hacer a él (ella) cuando está solo(a)? _____

¿Qué responsabilidades tiene él (ella) en casa? _____

¿Con niños(as) de qué edad le gusta jugar? _____

¿Qué método es el mejor para conseguir que él (ella) coopere? _____
_____

¿A qué tipos de disciplina responde mejor él (ella)? _____

Favor de marcar las actividades relativas a su niño(a):
    _____ le gusta hojear libros   _____ escucha cuentos
    _____ se amarra los cordones de sus zapatos   _____ se viste solo(a)
    _____ cuenta hasta 10 o más   _____ escucha música

Favor de anotar cualquier cosa que usted crea que debemos saber de su hijo(a) (intereses, habilidades, actitudes) para mejor lograr que su año en el kínder sea provechoso. (Favor de usar más hojas si es necesario.)
_____
_____

KINDERGARTEN ORIENTATION

Date: _____

Dear Parents or Guardians:

We are planning an Orientation Day for kindergarten children and their parents on _____, between _____ and _____. Class lists with your child's name, teacher's name and room number will be posted in the kindergarten area at that time.

This is an opportunity to get to know the school and your child's teacher so that on _____, he/she will be able to begin the year in kindergarten with confidence.

We look forward to seeing you.

Sincerely,

_____
The Kindergarten Teachers

KINDERGARTEN ORIENTATION

Fecha: _____

Estimados Padres o Tutores:

Estamos planeando un Día de Orientación para los niños que entrarán al kínder y sus padres el _____, entre _____ y _____. Las listas de clases con el nombre de su hijo(a), el (la) nombre del (la) maestro(a), y el número del cuarto estarán colocadas ese día en el área del kínder.

Éste será el momento apropiado para que conozcan la escuela y a los (las) maestros(as), y para que su hijo(a) se familiarice con todo y así empiece el _____ su primer año escolar con confianza.

Esperamos verlos.

Atentamente,

_____
Los (Las) Maestros(as) del Kínder

KINDERGARTEN PRESCREENING

Date: _____

Dear Parents or Guardians:

Welcome to kindergarten at _____ School. In order to better serve your child's needs, we will be doing a preliminary assessment of each child. The dates of the screening are _____. This assessment will help determine the best possible placement in a class as well as indicate your child's potential for success.

If we determine that your child would be better served by waiting another year before entering kindergarten we will advise you, but the ultimate decision is yours.

Your appointment is scheduled for _____. Please allow ____ minutes for the assessment. Please be prompt. If you are late it will cause everyone else to be late. <u>If you are unable to keep this appointment, please call the school office immediately.</u> The telephone number is _____.

We will have our Kindergarten Orientation meeting on _____ between _____ and _____. Both parents are invited to attend <u>with the child</u>. This is a good opportunity for you to meet the teacher and help prepare your child for the wonderful experience of kindergarten.

Sincerely,

_____
Principal

Fecha: _____

Estimados Padres o Tutores:

Bienvenidos al kínder en la escuela _____. Para mejor servir a su niño(a) vamos a administrarle a cada niño un examen preliminar. Esto se hará el _____. Este examen nos ayudará a determinar qué clase sería mejor para su hijo(a) y también indicará el potencial de su niño(a).

Si determinamos que sería mejor para su hijo(a) que esperase otro año antes de empezar el kínder se lo avisaremos, pero la decisión final es de usted.

Su cita es _____. Favor de concedernos _____ minutos para el examen. Por favor sea puntual. Si Uds. se atrasan, atenderemos con retraso a los demás. <u>Si no les es posible asistir a la cita, por favor llamen a la oficina de la escuela inmediatamente.</u> El número es _____.

Tendremos la Orientación del Kínder el _____ entre las _____ y las _____. Ambos padres están invitados a que asistan <u>con su hijo(a)</u>. Esta es una buena oportunidad para conocer al maestro(a), y ayudar a preparar a su niño(a) para la maravillosa experiencia del kínder.

Atentamente,

_____
Director(a)

Kindergarten Parent Information Sheet

We hope to make your child's experience at school a positive one. Your cooperation is needed to make this year a success. We feel that we can do a better job if we work closely with the home in assisting each child. We know that you are concerned about your child's well being and want him (her) to experience a happy, successful school year.

The kindergarten curriculum includes reading readiness, number concepts, oral and written language, social studies, health, science, art, music and physical education. The daily routine will provide opportunities for your child to develop listening and communication skills, to follow directions, to develop social relationships with adults and children, to interact with his (her) environment and to develop a positive self-image.

We are listing below some ways in which you can help us make your child's school year more successful. If you have any questions, please call the school. The phone number is _____.

1. On the first day, pin a name tag on your child, giving name, address, phone number and the way he (she) will get home (walk, ride, etc.).

2. Do not plan to stay in the classroom on the first day of school. Children adjust more quickly without parents present.

3. Be sure your child's name is on anything he (she) brings to share, his (her) lunch box and all articles of clothing. This will help us to locate anything that is lost or misplaced.

4. Notify the teacher immediately if your child loses anything at school.

5. Send a nutritional snack to school every day. We encourage fruit, nuts, crackers, etc. Do not send candy.

6. Be sure your child arrives at school on time, but not too early.

7. See that your child attends school regularly.

8. Make sure your child feels that his (her) attendance at kindergarten is important.

9. When your child is absent, please call the office (telephone number _____) preferably before _____, stating the reason for the absence. If the absence is due to illness, the type of illness should be explained; e.g., cold, sore throat, etc. If it is a contagious disease notify the office immediately.

10. Try to be home when your child arrives from school. If you are unable to do this, be sure your child knows what to do and who is to care for him or her.

11. Always be sure your child is picked up on time.

Hoja de Información para Padres de Niños en Kínder

Esperamos que su hijo(a) tenga una agradable experiencia aquí en nuestra escuela. Su cooperación es necesaria para que esto se realice. Creemos que podemos cumplir mejor con nuestro trabajo si trabajamos conjuntamente con ustedes, atendiendo las necesidades de su hijo(a). Sabemos que ustedes tienen interés en el bienestar de su hijo(a), y quieren que él (ella) esté contento(a) y tenga éxito este año escolar.

El programa de estudio para el kínder incluye lectura, números, lenguaje oral y escrito, estudios sociales, salud, ciencia, arte, música, y educación física. La rutina diaria le dará a su hijo(a) la oportunidad de desarrollar sus habilidades de escuchar y comunicarse, seguir instrucciones y desarrollar relaciones sociales con niños y adultos, comportamiento, y desarrollar un concepto positivo de sí mismo(a).

Lo siguiente es una lista de las maneras en que Uds. pueden ayudarnos a hacer que su hijo(a) tenga un buen año escolar. Si tienen preguntas, favor de llamarnos al _____.

1. El primer día de clases, pónganle un papel, asegurado con un imperdible, a su hijo(a) con la siguiente información: su nombre, dirección, número de teléfono, y cómo irá a su casa (ejemplo: caminando, en auto, etc.).

2. No esperen quedarse en la clase de su hijo(a) el primer día de clases. Los niños se adaptan más rápidamente si los padres no están presentes.

3. Asegúrense de que el nombre de su hijo(a) esté en todos los artículos que trae a la escuela (su ropa, fiambrera, etc.). Esto facilitará el saber de quién son los artículos extraviados o mal colocados.

4. Avisen a la maestra inmediatamente si su hijo(a) ha perdido algo en la escuela.

5. Manden una merienda nutritiva a la escuela cada día, como: fruta, nueces, galletas, etc. No manden dulces.

6. Asegúrense de que su hijo(a) llegue a la escuela puntualmente, pero no demasiado temprano.

7. Asegúrense de que su hijo(a) asista a la escuela regularmente.

8. Asegúrense de que su hijo(a) comprenda la importancia de asistir al kínder.

9. Cuando su hijo(a) falte a la escuela, favor de llamar a la oficina (número de teléfono _____) antes de las _____ de la mañana y explicar el porqué de su ausencia. Si su niño(a) está enfermo, necesitan Uds. decirnos qué tiene: ej: catarro, dolor de garganta, etc. Si lo que tiene es contagioso, favor de avisar a la oficina inmediatamente.

10. Traten de estar en casa cuando su hijo(a) regresa de la escuela. Infórmenle sobre lo que tiene que hacer, y sobre quién lo cuidaría en caso de que ustedes no estén.

11. Siempre recojan a su hijo(a) a tiempo.

KINDERGARTEN PARENT INFORMATION SHEET, page 2

---

12. Be sure your child understands that he (she) is to come straight home and that he (she) is not to accept a ride (or anything else) from a stranger.

13. Always write a note or call if you want to give the teacher a message. Children often misinterpret verbal messages.

14. Read all notices that come home from school.

15. If your child has an allergy or any other special health problems, be sure to inform the teacher and the office.

16. There are special provisions for students who need to take medication at school, whether for a short period of time or on a regular basis. Please notify the office and the teacher with the specific instructions. The office will provide you with the necessary forms.

17. To be involved in your child's school experience, visit his (her) classroom, learn about his (her) friends and teachers, volunteer to work in the room, and join the PTA.

18. Help your child learn responsibility by finding out about library day and help him (her) remember his (her) book.

19. Find out about the sharing routine at school and encourage your child to share things from home.

20. Take the time to review your child's work papers, display his (her) art work and encourage him (her) to share some of his (her) kindergarten experiences with you. Show you care and have confidence in his (her) ability to succeed.

21. Parent conferences will be arranged and report cards will be sent periodically to keep you informed of your child's progress.

22. If you have any questions, contact the teacher and if necessary arrange for a parent conference.

23. If you have any questions or suggestions involving the school in general, contact the principal's office.

24. Remember that your child is only five years old and let him (her) enjoy being a child.

12. Asegúrense de que su hijo(a) entienda la importancia de ir directamente a su casa, y no aceptar un paseo en coche ni nada de un desconocido.

13. Siempre escriban una nota o llamen si quieren dejar un mensaje para la maestra. Los niños muchas veces interpretan mal mensajes verbales.

14. Lean todos los avisos que les mandemos a ustedes de la escuela.

15. Si su hijo(a) tiene alergias u otros problemas de salud, informen a la maestra y a la oficina.

16. Hay estipulaciones especiales para los estudiantes que necesitan tomar medicina en la escuela, ya sea por un tiempo corto o regularmente. Por favor, avisen a la oficina y a la maestra y den las instrucciones exactas. La oficina les dará a llenar los impresos de autorización necesarios.

17. Compartan la experiencia de su hijo(a) en la escuela; visiten su clase, sepan quiénes son sus amigos y maestros, trabajen voluntariamente en la clase de su hijo(a), y únanse a la PTA (Asociación de Padres y Maestros).

18. Ayuden a su hijo(a) a aprender a ser responsable; entérense del día en que le toca ir a la biblioteca y recuérdenle que entregue su libro.

19. Tomen interés en conocer la actividad escolar de compartir con otros, y animen a su hijo(a) a que comparta con sus compañeros de clase algo suyo de casa.

20. Pongan tiempo en repasar el trabajo de su hijo(a); pongan sus dibujos en exhibición en casa y anímenlo(a) a que comparta sus experiencias del Kínder con ustedes. Demuestren al niño(a) que a ustedes les importa, y que tienen confianza en su habilidad progresar.

21. Habrá conferencias con los padres y se enviarán periódicamente informes sobre el progreso de su hijo(a) para mantenerlos al tanto.

22. Si tienen preguntas, pónganse en contacto con el maestro (la maestra) y, si es necesario, pidan una cita para una conferencia con él (ella).

23. Si ustedes tienen alguna pregunta o sugerencia sobre la escuela en general, pónganse en contacto con la oficina del director.

24. Recuerden que su hijo(a) solamente tiene cinco años de edad; déjenlo disfrutar de ser niño(a).

CHANGE OF CLASSROOM/TEACHER

Date: _____

Dear Parents or Guardians:

Due to the growth of our _____ grade classrooms and the addition of another class, we will be moving some of the students in Room _____ (_____'s class) to Room _____ beginning _____ , _____ _____. Your child will be one of the students moving to the new room. The teacher in that classroom is _____. The beginning and ending times remain the same.

We appreciate your continued support and hope this classroom move will not cause you or your child any inconvenience.

Sincerely,

_____
Principal

Fecha: _____

Estimados Padres o Tutores:

Debido al incremento en el número de alumnos en los salones del _____ grado y la apertura de otra clase, algunos de los alumnos de la clase de _____ se cambiarán del cuarto _____ al cuarto _____ empezando el _____, _____ de _____. Su hijo(a) será uno(a)) de los alumnos que se muden a la nueva clase. El (La) maestro(a) de esta clase es _____. Las clases empezarán y terminarán a la misma hora que hasta ahora.

Les agradecemos su cooperación, y esperamos que este cambio de sala de clase no les cause a Uds. o al niño(a) ninguna molestia.

Atentamente,

_____
Director(a)

CHANGE OF TEACHER

Date: _____

Dear Parents or Guardians,

Your child's teacher, _____, has resigned his/her position with our school *due to illness. S/He is a dedicated professional teacher and cares for your children very much. S/He would not have made this difficult decision if the reasons weren't very important. _____'s last day at our school will be _____, _____.

I have already started the process of selecting a top quality teacher to replace _____. I expect to have a new teacher to introduce to your children and you by _____, _____.

The teacher has already explained this situation to the children and will be working with them to understand what is happening and to feel good about the change. If you feel that your child is having a hard time with the adjustment, please let the school know right away and we will take more steps to help your child with this adjustment. Thank you for your understanding in this matter and for your support of our school.

Sincerely,

_____
Principal

* Alternative reasons:

- and has accepted employment elsewhere
- because of important personal reasons that involve the health and welfare of his/her family
- and has transferred to another school in the district

CHANGE OF TEACHER

Fecha: _____

Estimados Padres o Tutores,

El/La maestro/a de su niño/a, _____, renunció a su puesto en nuestra escuela *debido a enfermedad. El/Ella es un/a maestro/a muy dedicado/a y profesional que se interesa mucho por sus niños. El/Ella no hubiera tomado esta tan difícil decisión si no fuera por importantes razones. El ultimo día de trabajo de _____ será el día ____ de _____.

Ya empecé el proceso de seleccionar un/a maestro/a bien preparado/a para reemplazar a _____. Espero tener un/a nuevo/a maestro/a para sus niños para el _____, ____ de _____.

El/La maestro/a ya les explicó a los niños la situación y trabajará con ellos para que entiendan lo que está pasando y se sientan a gusto con el cambio de maestro/a. Si ustedes piensan que su niño/a se siente preocupado/a y tiene problemas con el cambio, por favor avisen a la escuela y nosotros haremos lo posible por ayudarle. Gracias por su comprensión con este cambio y por su apoyo a nuestra escuela.

Atentamente,

_____
Director/a

*Razones alternativas:

- porque ha aceptado otro empleo
- por razones personales que tienen que ver con la salud y el bienestar de su familia
- y se ha trasladado a otra escuela en el distrito

Year-Round School Schedule

Dear Parents or Guardians:

Enclosed you will find your child's track assignment for this school year with the name of the teacher and the starting date. The school hours are ____ a.m. to ____ p.m.

We made every effort to place your child on the track you designated as your first choice; however, in some cases it was necessary to place your child according to your second choice.

       Sincerely,

       _____
       Principal

Horario de Escuela de Año Completo

Estimados Padres o Tutores :

Se adjunta el horario asignado a su niño/a para este año escolar, con el nombre del maestro y la fecha en que comienza. Las horas de escuela son de ___ a.m. a ___ p.m.

Nosotros hicimos todo lo posible por poner a su niño/a en el horario que Uds. escogió como preferible. Sin embargo, en algunos casos fue necesario colocar al niño en el horario de su segunda preferencia.

Atentamente,

_____
Director/a

MINIMUM DAY SCHEDULE

Date: _____

Dear Parents or Guardians:

This is to inform you that the students on tracks _____ and _____ will be having a minimum day schedule on _____, _____ _____. Teachers will be having a common planning meeting on that day. Students will be dismissed at _____ p.m.

Sincerely,

_____
Principal

---Tear Off and Return---

To: Homeroom Teacher   Date: _____

I have read the letter announcing the minimum day on _____ with early dismissal at _____ p.m.

Signature of Parent or Guardian _____
Student's Name: _____

MINIMUM DAY SCHEDULE

Fecha: _____

Estimados Padres o Tutores:

Esto es para informarles que los alumnos en los horarios ____ y ____ tendrán un horario de día reducido el _____, ____ de _____. Los maestros tendrán una junta de planificación en común. Los estudiantes saldrán a la _____ p.m.

Atentamente,

_____
Director(a)

---Recorte Aquí---

Para: Maestro del Salón Principal   Fecha: _____

He leído la carta anunciando que el día de horario reducido es el _____ con salida a _____ p.m.

Firma del Padre/Tutor: _____
Nombre de Estudiante: _____

CONFIDENTIAL INFORMATION REQUEST

Confidential Information Request

_____   _____   _____   _____
Student's Legal Last Name   First   Middle   Birth Date

_____   _____   _____
Other Last Names Used   First   Middle

Name of Parents: _____

Special Education Placement: ___ Yes   ___ No

Name of school presently attending: _____

Type of records requested from the _____ School District:
    ___ Verification of birth date
    ___ Immunization records
    ___ Enrollment information
    ___ Other: _____

Name of person requesting records: _____
Relationship to Student: _____
Address: _____   Telephone: _____
_____

_____   _____
Signature of person requesting records   Date

The State and Federal Regulations and District Board Policy authorize information to be given to the following people:
* The student him/herself if 16 years of age or older, or
* The parent if pupil is under 18 years of age, or
* With written permission of the parent (if pupil is under 18 years of age), or
* With written permission of the pupil (if over 16 years of age).

Verification of identity is required.

If pupil is currently enrolled in _____ School District, please return this form to:
    _____ School District
    _____
    Attn: _____
          School of Enrollment

If pupil is no longer enrolled in _____ School District, please return this form to:
    _____ School District
    _____
    Attn: Pupil Personnel Services

For School District Use Only
Verification of Identity

Driver's License/ID Card Number: _____   Other: _____
Birth Date shown: _____   Photo verified: ___ (If other than pupil)
Type of verification of relationship: _____
Staff Signature: _____   Date: _____

CONFIDENTIAL INFORMATION REQUEST

Solicitud de Información Confidencial

_____ _____ _____ _____
Nombre Legal del Alumno   Nombre de Pila   Segundo   Fecha de Nacimiento

_____ _____ _____ _____
Otros Apellidos que Haya Usado   Nombre de Pila   Segundo   Lugar de Nacimiento

Nombres de los Padres: _____

Clases de Educación Especial: ____ Sí   ____ No

Nombre de la escuela a la que asiste ahora: _____

Tipo de documentos solicitados al Distrito Escolar de _____:
     ____ Comprobación de la fecha de nacimiento
     ____ Verificación de inmunizaciones
     ____ Información sobre la inscripción
     ____ Otros: _____

Nombre de la persona solicitando la información: _____
Parentesco con el Estudiante: _____
Domicilio: _____ Teléfono: _____
_____

Firma de la persona solicitando la información: _____ Fecha: ____

Las Reglas Estatales y Federales y la Política del Distrito Escolar de _____ autorizan que los informes se den solamente a las personas siguientes:
     * Al estudiante, si tiene 16 años o más, o
     * Al padre o madre, si el estudiante tiene menos de 18 años, o
     * Con el permiso por escrito del padre o madre (si el estudiante tiene menos de 18 años), o
     * Con el permiso por escrito del estudiante (si el estudiante tiene más de 16 años).
Se requiere prueba documental de identidad.

Si el estudiante está asistiendo a una escuela en el Distrito Escolar de _____, por favor devuelva este impreso a:
     _____ School District (Distrito Escolar de _____)
     _____
     Attn: _____
           School of Enrollment

Si el estudiante ya no asiste a una escuela en el Distrito Escolar de _____, por favor devuelva este impreso a:
     _____ School District (Distrito Escolar de _____)
     Attn: Pupil Personnel Services

For School District Use Only
Verification of Identity

Driver's License/ID Card Number: _____ Other: _____
Birth Date shown: _____ Photo verified: ____ (If other than pupil)
Type of verification of relationship: _____
Staff Signature: _____ Date: _____

PARENT RELEASE OF STUDENT INFORMATION

Permission for Release and Exchange of Information

_____   _____
Name of Student   Date of Birth

To Whom It May Concern:

I hereby grant permission to the Pupil Personnel Services Department of the _____ School District, and _____ to release to each other and exchange the following information relative to the above-named child:

- ____ Medical Reports
- ____ Psychological/Psychometric Reports
- ____ Educational Records
- ____ Other _____

Notification of Rights Acknowledged:

I, the undersigned parent/guardian, certify that I am aware that I have the right to review the above requested records and receive a copy of any materials forwarded. If I should like to receive copies of any material, I understand that I may be charged a nominal fee.

_____   _____
Parent/Guardian Signature   Relationship to Child

_____
Date

Please send the above reports to the attention of:

_____

_____

PARENT RELEASE OF STUDENT INFORMATION

Permiso para Dar e Intercambiar Información

_____   _____
Nombre del Niño(a)   Fecha de Nacimiento

A Quien Concierna:

Yo por la presente doy permiso al Departamento de Servicios del Personal de Alumnos, Distrito Escolar de _____ y _____
para darse e intercambiar la siguiente información relacionada con el niño(a) aquí mencionado:

____ Reportes del Médico
____ Reportes Psicológicos/Psycométricos
____ Archivos Educacionales
____ Otros _____

Reconocimiento de la Notificación de Derechos:

Yo, padre/tutor que abajo firma, afirmo que estoy enterado de que tengo derecho a revisar los documentos aquí solicitados y recibir una copia de lo que se envíe. Sé que, si deseo recibir copias de cualquier documento, me cobrarán una pequeña cantidad.

_____   _____
Firma del Padre o Tutor   Parentesco con el Niño(a)

_____
Fecha

Por favor mande los reportes aquí mencionados a la atención de :

                           _____

                           _____

PARENT APPLICATION FOR STUDENT TRANSFER

_____ **School District**
Application for Student Transfer

K-8 Intra-District   **For Grade:** _____   **For Track:** _____   **For Year: 19 ____ - 19 ____**

Pupil's Name: _____ Sex: ☐ M ☐ F Soc. Sec. #: _____
                Last   First   Optional
School of Desired Attendance: _____ School of Residence: _____
School Now Attending or Last Attended: _____
Reason for Request (see STATEMENT below): _____

If child care, give name and address of provider: _____

Parent/Guardian: _____ _____ Date: _____
                        Signature   (Print Name)
Address: _____ City: _____ Zip: _____
Home Phone: _____ Business Phone: _____ Emergency Phone: _____

☐ White (not of Hispanic origin)   ☐ Black (not of Hispanic origin)   ☐ Hispanic
☐ American Indian or Alaskan Native   ☐ Asian (Japan/Korea)   ☐ Filipino   ☐ Indo-Chinese (Cambodia/Laos/China)
☐ East Indian   ☐ Portuguese   ☐ Vietnamese   ☐ Pacific Islander

Statement

Since it is the intent of this district that students attend the school in their area of residence, exceptions will be considered in accordance with the following criteria if space is available in the receiving school, necessary transportation is provided by the parent and the ethnicity of neither the sending nor receiving school is negatively affected: 1) special courses of training; 2) health or physical handicap; 3) students in the last year of a school; 4) personal and social adjustment; 5) definite future change of residence (documents must be provided); 6) child care when not available within a particular school boundary or when a financial burden is placed upon the family.

Procedure

1. Request forms may be secured by the parents from the office of either school or the district office.
2. Parents will complete the request and file it with the principal in the school of desired attendance.
3. The principal of the desired attendance school shall record recommendations and forward the request for permit to principal of the school of residence. The principal of the school of residence completes the recommendation and forwards the request to the district office for action.
4. After the request has been studied, the parent and the schools will be notified of the outcome by mail.

Special Note

1. The request is not a permit. While the study is pending, the child must attend the school of residence or the school which he/she had been attending up to the time the application is approved.
2. An Intra-District Attendance Permit is valid only during the school year for which it is issued. It is furthermore valid only while the conditions stated in the application are maintained; and will be continued in force **only as long as the pupil's attendance, citizenship, and scholarship are satisfactory to the school of special attendance.**
3. Falsification of any information stated on this application is cause for immediate revocation and no further application will be considered.
4. For continuity of instruction, all school changes in the last nine weeks of the school term are discouraged.
5. Nothing in this procedure is intended to affect special education placements made through appropriate committees.
6. Revoking of transfer: If the principal of a school of attendance thinks the conditions of the transfer are not being met, the principal may revoke the transfer, after fair warning*, by letting the parent and district office know of the decision. In cases of serious offenses, fair warning* is not necessary.

Fair warning constitutes one written notice to the parent/guardian, with a copy to Student Services, that the conditions set forth in the application have not been satisfactorily maintained.

Recommendation of School of Desired Attendance   **Recommendation of School of Residence**
☐ Recommended   ☐ Not Recommended   ☐ Recommended   ☐ Not Recommended
Conditions: _____   Conditions: _____

_____   _____   _____   _____
     Date   Principal's Signature   Date   Principal's Signature

Authorized District Office Administrator
☐ Permit Granted   ☐ Request Denied
Conditions: _____   **DISTRICT OFFICE USE ONLY**
                                                             Date parents notified: _____

_____   _____
     Date   District Office Administrator

PARENT APPLICATION FOR STUDENT TRANSFER

Distrito Escolar de _____
Solicitud para Cambio de Escuela

Intra-Distrital, K-8   Año de Estudios: _____   Horario: _____   Año Escolar: 19 ____ - 19 ____

Nombre del Alumno: _____   Sexo: ☐ M ☐ F   Seguro Social #: _____
                   Apellido Paterno   Nombre   (Opcional)
Escuela a la que Desea Asistir: _____   Escuela que Corresponde al Domicilio: _____
Escuela a la que Asiste o Asistió Anteriormente: _____
Motivo de la Solicitud (vea la DECLARACIÓN a continuación): _____

Nombre y dirección de la niñera o guardería, en su caso: _____

Padre/Madre o Tutor: _____   _____   Fecha: _____
                          Firma   Nombre en Letra de Molde
Domicilio: _____   Ciudad: _____   Código Postal: _____
Teléfono, Casa: _____   Teléfono, Trabajo: _____   Teléfono, Urgencias: _____

☐ Blanco (no de origen hispano)   ☐ Negro (no de origen hispano)   ☐ Hispano
☐ Indio americano o nativo de Alaska   ☐ Asiático (Japón/Corea)   ☐ Filipino ☐ Indochino (Camboya/Laos/China)
☐ East Indian   ☐ Portugués   ☐ Vietnamita   ☐ De las islas del Pacífico

Declaración

Este distrito escolar pretende que los estudiantes asistan a la escuela que les corresponda según el área en que residen. Se considerarán ciertas excepciones a esta norma, siempre y cuando haya cupo en la escuela a la cual se solicita el cambio, la familia del alumno se encargue del transporte, y no resulte afectado desfavorablemente el equilibrio étnico en cualquiera de las dos escuelas. Estas posibles excepciones son: 1) que el estudiante vaya a tomar cursos especiales o a recibir capacitación especial; 2) que existan impedimentos físicos o médicos; 3) que se desee que el alumno termine el último año de estudios en determinada escuela; 4) que se requiera adaptación personal o social; 5) que vaya a haber un cambio de residencia definitivo (sujeto a verificación por escrito); 6) que se cuente con quien cuide del menor dentro de la jurisdicción de determinada escuela, o cuando represente una desproporcionada carga económica a la familia.

Tramitación

1. Los padres podrán obtener las solicitudes de cambio en cualquiera de las dos escuelas o en la oficina distrital.
2. Los padres llenarán la solicitud y la presentarán al director de la escuela a la que se desea asistir.
3. El director de esta escuela anotará sus recomendaciones y enviará la solicitud al director de la escuela que corresponde al domicilio del alumno. El director de ésta anotará sus recomendaciones y remitirá la solicitud a la oficina distrital para una resolución definitiva.
4. Una vez estudiada la solicitud, se notificará por correo a la familia y a las escuelas sobre la decisión tomada.

Aviso Especial

1. Esta solicitud no constituye un permiso. Mientras se decide sobre la petición, el alumno deberá asistir a la escuela correspondiente a su domicilio o bien a la escuela a la que haya venido asistiendo.
2. Un Permiso de Asistencia Intra-distrital caduca al final del año escolar en que fue expedido o antes, si es que dejan de existir las condiciones descritas en la solicitud o si **la asistencia, el comportamiento, y las calificaciones del alumno no resultan satisfactorias en la escuela a la que asiste con el permiso.**
3. La falsificación de cualquier dato en esta solicitud será motivo suficiente para revocar el permiso de inmediato y no se dará consideración a otra solicitud.
4. A fin de mantener la continuidad en el aprendizaje, no se recomiendan cambios de escuela durante las últimas nueve semanas del semestre.
5. Ninguna de esta disposición tiene el objeto de afectar las colocaciones de alumnos realizadas a través de los comités de educación especial correspondientes.
6. Revocación del cambio: Si el director de la escuela a la que asiste el alumno considera que no se está cumpliendo con las condiciones establecidas, podrá revocar el permiso, después de previa advertencia* enviada al padre o madre y a la oficina distrital con el fin de avisarles de tal decisión. En caso de faltas graves, no será necesaria la advertencia* previa.

* Advertencia se define para este propósito como un escrito enviado al padre, madre o tutor, con copia a la Dirección de Servicios Escolares, dando aviso de que no se han observado satisfactoriamente las condiciones establecidas en la solicitud.

Recomendación de la Escuela a la que se Desea Asistir   **Recomendación de la Escuela que Corresponde al Domicilio**
☐ Se recomienda el cambio   ☐ No se recomienda   ☐ Se recomienda el cambio   ☐ No se recomienda
Condiciones: _____   Condiciones: _____

_____   _____   _____   _____
      Fecha   Firma del Director/a   Fecha   Firma del Director/a

Administrador Autorizado, Oficina Distrital
☐ Se autoriza el cambio   ☐ No se autoriza   **DISTRICT OFFICE USE ONLY**
Condiciones: _____   Date parents notified: _____

_____   _____
      Fecha   Administrador, Oficina Distrital

INTRA-DISTRICT TRANSFER RENEWAL

Date: _____

TO: Parents of Students with Intra-District Transfers

RE: Intra-District Transfer Renewal

Our records indicate your child is attending a school different from the school of residence on an Intra-District Transfer permit. Please be aware that this permit is valid ONLY during the school year for which it is issued.

In order for us to predict our school attendance for the _____ - _____ school year and develop our school site staffing, we are starting the process of Intra-District Transfers now. Therefore, in order for your child to continue at his/her current school <u>next year</u>, it is necessary that you obtain and complete a <u>new permit</u> by _____.

If you wish to be considered for an *Intra-District Transfer*, you need to take the attached form <u>to the school where you wish your child to attend next year</u>. The attached form must be completed in full. The principal of the school where you wish your child to attend will then forward your request to your school of residence. Approval will be subject to available space and should not create an adverse effect on either school's ethnic balance.

Please be aware that the Board of Trustees adopted the policy that "It is the intent of the district that students attend the school in their area of residence."

Remember, the process begins <u>at the school of desired attendance</u>. This request must be completed by _____.

Thank you for your assistance.

Fecha: _____

A: Padres de Estudiantes en Transferencias Intra-Distritales

RE: Extensión de Transferencias Intra-Distritales

Nuestros archivos indican que su niño/a está asistiendo a una escuela diferente a su escuela de residencia, con una autorización de Transferencia Intra-Distrital. Por favor tome en cuenta que esta autorización es válida SOLAMENTE durante el año escolar para el que ha sido otorgada.

Para poder predecir nuestra asistencia escolar para el año escolar _____ - _____ y para programar el número necesario de personal docente, estamos empezando ahora el proceso de Transferencias Intra-Distritales. Por lo tanto, para que su niño/a continúe asistiendo a su escuela actual <u>el próximo año</u>, es necesario que Uds. obtengan y completen una <u>nueva autorización</u> para el _____.

Si Uds. desean tratar de obtener una Transferencia Intra-Distrital, necesitan llevar el adjunto formulario <u>a la escuela que Uds. desean que su niño asista el próximo año</u>. El formulario debe ser completado en su totalidad. El director de la escuela a la que Uds. desean que su hijo/a asista enviará la solicitud a su escuela de residencia. La solicitud será aprobada si hay espacio disponible y si no crea efecto negativo en el balance étnico de ninguna de las dos escuelas.

Por favor tome en cuenta que la Junta Directiva ha adoptado la práctica de que "Es la intención del distrito que los estudiantes asistan a la escuela en su área de residencia."

Recuerde, el proceso empieza <u>en la escuela a la que Uds. desean que su niño/a asista</u>. Esta solicitud debe ser completada para el _____.

Gracias por su cooperación.

INTRA-DISTRICT TRANSFER CANCELLATION

Date: _____

Dear Parents or Guardians:

Your child has been attending _____ School on an Intra/Inter-District transfer. The district recently contacted you asking that you complete the Intra-District application form and return it to our office if you wish your child to continue at _____ School.

Since we have not heard from you, we are notifying your school of residence that your child(ren) will be attending there this coming year. Your child's records will be sent to that school.

Sincerely,

_____
Principal

INTRA-DISTRICT TRANSFER CANCELLATION

Fecha: _____

Estimados Padres o Tutores:

Su hijo(a) ha estado asistiendo a la Escuela _____ de acuerdo con el programa de transferencia Intra/Inter-District. Hace poco el distrito le envió a usted un impreso para que lo llenara y lo devolviera a esta oficina, si Uds. deseaban que su hijo(a) continuara en el programa en la Escuela _____.

Como no se han puesto en contacto con nosotros, estamos ahora notificando a la escuela de residencia de su hijo(a) que él (ella) asistirá este próximo año. El expediente de su hijo(a) será enviado a esa escuela.

Atentamente,

_____
Director(a)

Parent Conference - Retention

On _____, I conferred with my child's teacher
　　　　　(Date)

regarding the possibility of retention of _____
　　　　　　　　　　　　　　　　　　　　　　　(Child's Name)

in _____ grade for the _____ school year.
　　　　　　　　　　　　　　　　　　　(Year)

　　　　　　　　　　　　　　_____
　　　　　　　　　　　　　　Parent/Guardian Signature

　　　　　　　　　　　　　　_____
　　　　　　　　　　　　　　Teacher's Signature

Conferencia con Padres - Retención

El _____, tuve una conferencia con el (la) maestro(a) de mi
   (Fecha)

hijo/a sobre la posibilidad de retención de mi hijo(a) _____
                                                            (Nombre del Hijo(a))

en el _____ grado para el año escolar_____.
                                                    (Año)

_____
Firma del Padre/Tutor

_____
Firma del Maestro

RETENTION/FINAL CONFERENCE

Parent Conference - Retention

I acknowledge conferring with my child's teacher(s) regarding retention.

_____ I approve.

_____ I do not approve of retention because:

_____

_____

_____

_____	_____
Child's Name	Parent/Guardian Signature
_____	_____ _____
Teacher	Grade Date

Conferencia con Padres - Retención

Declaro que asistí a una conferencia con el (la) maestro(a) de mi hijo(a) acerca de retención.

_____ Estoy de acuerdo.

_____ No estoy de acuerdo porque:

_____

_____

_____

Nombre del Niño(a)	Firma del Padre/Tutor

Maestro(a)	Grado	Fecha

Summer is Coming!

Make plans now to have your child(ren) participate in
summer activities sponsored by the
_____ School District

Would your child(ren) like to:

* engage in science experiments?
* participate in the arts?
* learn a foreign language?
* join in math enrichment activities?
* brush up on skills in reading, language or math?
* improve scores on sections of the _____ Testing Program?
(eligibility 49% or below)
* get in some computer time?

Then plan for your child(ren) to attend
_____'s expanded Summer Session
_____ through _____, 19_____
_____ a. m. to _____ p. m.

Lunch

All students are encouraged to purchase lunch on a daily basis.
Free and reduced-price lunch will be available to qualifying students.

Enrollment forms will be sent to all students currently in grades
_____ by _____, 19_____.

_____ School and _____ School

¡Se Aproxima el Verano!

Haga planes ahora para que su(s) niño(s) participe(n)
durante el verano en las actividades patrocinadas por el
Distrito Escolar de _____

¿Les gustaría a sus niños:

* participar en experimentos científicos?
* participar en artes?
* aprender una lengua extranjera?
* participar en actividades de mejoras de conocimientos de las matemáticas?
* tener repasos de lectura, lenguaje o matemáticas?
*mejorar las calificaciones en secciones del Programa de Examen de _____
(elegibilidad del 49% o menos)
* tener práctica con la computadora?

Entonces haga planes para que sus niños asistan a la Sesión de Verano
del _____ de _____ hasta el _____ de _____, 19____
de _____ a. m. a _____ p. m.

Almuerzo

Queremos sugerir que los estudiantes compren su almuerzo a diario.
Comidas gratis o a precio reducido se proporcionarán a los que califiquen.

Impresos para matricularse se mandarán para el _____ de _____ a
todos los estudiantes que actualmente están cursando los grados del _____

Escuela _____ y Escuela _____

Policies and Procedures

PARENTAL RIGHTS AND RESPONSIBILITIES

Annual Notification
Parent Rights and Responsibilities

Dear Parents or Guardians:

State and federal law require school districts to notify parents and guardians of minor pupils of parental rights. State law requires the parents or guardians to sign a notification form and return it to school. The signature is an acknowledgment that the parents or guardians have been informed of their rights but does not indicate that consent to participate in any particular program has been either given or withheld.

Some legislation requires additional notification to the parents or guardians during the school term or at least 15 days prior to a specific activity. A separate letter will be sent to parents or guardians prior to any of these specified activities or classes, and the student will be excused whenever the parents file with the principal of the school a statement in writing requesting that their child not participate. Other legislation grants certain rights that are spelled out in this form.

The following rights, responsibilities and protections are provided. When used in this notification "parent" includes a parent or legal guardian.

_____ Rules pertaining to student discipline, including those that govern suspension or expulsion, are available from the school principal. They are also communicated to all students every year.

_____ Parents are notified in writing prior to any instruction or class in which human reproductive organs and their function or processes are described, illustrated or discussed. Materials to be used may be reviewed prior to instruction.

_____ Whenever any part of the instruction in health, family life or sex education conflicts with religious training and beliefs or personal moral convictions of the parent or guardian, the student shall be excused from that part of the instruction upon written parental request.

_____ The district may administer immunizing agents to prevent or control communicable diseases to pupils whose parents have consented in writing to such immunization.

_____ Any student who must take prescribed medication at school and who desires assistance of school personnel must submit a written statement of instructions from the physician and a parental request for assistance in administering the physician's instructions.

_____ Needy pupils may be eligible for free or reduced-price lunches.

_____ The parent or legal guardian of any public school pupil on a continuing medication regimen for a non-episodic condition shall inform the school nurse or other designated certificated school employee of the medication being taken, the current dosage and the name of the supervising physician. With the consent of the parent or legal guardian, the school nurse may communicate with the physician and may counsel with school personnel regarding the possible effects of the drug on the child's physical, intellectual and social behavior, as well as possible behavioral signs and symptoms of adverse side effects, omission or overdose.

_____ A child may be exempt from physical examination whenever the parents file a written statement with the school principal stating that they will not consent to routine physical examination of their child. Whenever there is good reason to believe the child is suffering from a recognized contagious or infectious disease, the child will be excluded from school attendance.

Aviso Anual
Derechos y Responsabilidades de los Padres

Estimados Padres o Tutores:

Tanto la ley del estado como la federal, exige que los distritos escolares notifiquen a los padres o tutores de menores sobre los derechos de padres o tutores. Esta ley exige que los padres o tutores firmen una notificación y la devuelvan a la escuela. La firma es una constancia de que padres o tutores han sido notificados de sus derechos, pero no implica que su consentimiento de participar en algún programa en particular haya sido dado o no.

Algunas leyes requieren que se dé notificación adicional a los padres o tutores durante el período escolar, o al menos 15 días antes de una actividad específica. Una carta por separado será enviada a los padres o tutores con anterioridad a cualquiera de estas clases o actividades específicas, y el estudiante será eximido, cuando los padres piden por escrito al director de la escuela que su hijo no participe. Otras leyes otorgan ciertos derechos que son explicados en este impreso.

Los siguientes derechos, responsabilidades y protecciones se conceden. El uso de "padre" en esta notificación, indica padre o tutor legal.

_____ Normas relativas a la disciplina del estudiante, incluyendo aquellas que se refieren a suspensión o expulsión, pueden obtenerse en la oficina del director de la escuela. Estas normas son comunicadas cada año a los estudiantes.

_____ Los padres son avisados por escrito con anterioridad a cualquier explicación o clase en la cual los órganos reproductivos y sus funciones o procesos son descritos, ilustrados o discutidos. Los materiales que van a usarse, pueden ser inspeccionados con anterioridad a la clase.

_____ Cuando cualquier parte de la instrucción referente a la salud, vida en familia o educación sexual interfiera con la religión, costumbres y creencias o convicciones morales del padre o tutor, el estudiante podrá ser excusado de asistir a esta parte de la clase, siempre y cuando esto haya sido pedido por escrito por dicho padre o tutor.

_____ El distrito puede administrar inmunizaciones, para prevenir o controlar enfermedades contagiosas, a estudiantes cuyos padres hayan dado por escrito su consentimiento para tal inmunización.

_____ Cualquier estudiante que necesite tomar, en la escuela, medicina recetada y desee asistencia del personal de la escuela, debe presentar un informe por escrito con las instrucciones del médico y petición de los padres solicitando asistencia para la administración de la medicina, de acuerdo con las instrucciones médicas.

_____ Estudiantes necesitados pueden ser elegibles para recibir almuerzos gratis o a precio reducido.

_____ El padre o tutor legal de cualquier estudiante de escuela pública en régimen continuo de medicamento por enfermedad crónica, deberá informar a la enfermera, o a otro empleado certificado de la escuela, sobre la medicina que el estudiante está tomando, dosis y el nombre del médico responsable. Con el consentimiento de los padres o tutor legal del estudiante, la enfermera de la escuela puede comunicarse con el doctor y discutir con el personal de la escuela los posibles efectos de la medicina en lo físico, intelectual y en el comportamiento del estudiante, así como las posibles señales y síntomas de adversos efectos secundarios, omisión o sobredosis.

_____ Un niño puede ser exento de recibir el examen físico, cuando los padres presenten una petición por escrito al director de la escuela, diciendo que no consienten que se haga el examen físico de rutina a su hijo/a. Cuando haya una buena razón para creer que el niño/a sufre de una enfermedad reconocida como contagiosa o infecciosa, el alumno será excluido y excusado de asistir a la escuela.

PARENTAL RIGHTS AND RESPONSIBILITIES, page 2

_____ The parent or guardian of a student with a temporary disability shall notify the school district where the student is receiving care if an individualized program is desired.

_____ Any parent suspecting that a child has exceptional needs (handicapped) may request an assessment for eligibility for special education services through the school principal.

_____ The governing board may provide or make available medical or hospital services for injuries to students arising from school programs or activities. No student shall be compelled to accept such service without consent or, if a minor, without the consent of a parent or guardian.

_____ State law authorizes all school districts to provide for alternative schools. The Education Code defines alternative school as a school or separate class group within a school which is operated in a manner designed to:

(a) Maximize the opportunity for students to develop the positive values of self-reliance, initiative, kindness, spontaneity, resourcefulness, creativity and responsibility.
(b) Recognize that the best learning takes place when the student learns because of his or her desire to learn.
(c) Maintain a learning situation maximizing student self-motivation and encouraging the student in his/her own time to follow his/her own interests. These interests may result in whole or in part from a presentation of choices of learning projects.
(d) Maximize the opportunity for teachers, parents and students to cooperatively develop the learning process and its subject matter. This opportunity shall be a continuous, permanent process.
(e) Maximize the opportunity for the students, teachers and parents to continuously react to the changing world, including, but not limited to, the community in which the school is located.

In the event any parent, pupil or teacher is interested in further information concerning alternative schools, **the county superintendent of schools, the administrative office of this district, and the principal's office in each attendance unit have copies of the law available for your information.** This law particularly authorizes interested persons to request the governing board of the district to establish alternative school programs in each district.

The district has a policy of nondiscrimination on the basis of sex. This policy applies to all students insofar as participation in programs and activities is concerned, with few exceptions such as contact sports. In accordance with federal law, complaints alleging noncompliance with this policy should be directed to the school principal. Appeals may be made to the district superintendent.

_____ Federal and state laws grant certain rights of access to students and to their parents.

Full access to all personally identifiable written records maintained by the school district must be granted to:

1) Parents of students age 17 and younger.
2) Parents of students age 18 and older if the student is a dependent for tax purposes.
3) Students age 16 and older, or students who are enrolled in an institution of post-secondary instruction (called "eligible students").

Parents, or an eligible student, may review individual records by making a request to the principal. The principal will see that explanations and interpretations are provided if requested. Information that is alleged to be inaccurate or inappropriate may be removed upon request. In addition, parents or eligible students may receive a copy of any information in the records at a reasonable cost per page. District policies and procedures relating to: location and types of records, kinds of information retained, persons responsible for records, directory

_____ El padre o tutor de un alumno con una incapacidad temporal, notificará al distrito escolar dónde el alumno recibe cuidados si desea un programa individualizado.

_____ Cualquier padre que sospeche que su hijo tiene necesidades excepcionales (minusválido), puede pedir una valoración de elegibilidad de educación especial al director de la escuela.

_____ La mesa directiva puede proveer, o poner a disposición, servicio médico u hospitalario para estudiantes que sufren lesiones como consecuencia de un programa o actividad escolar. Ningún estudiante será obligado a aceptar dichos servicios sin su consentimiento, y si se trata de un menor, sin el consentimiento de su padre o tutor.

_____ La ley del estado autoriza a todos los distritos escolares a proveer escuelas alternativas. El Código de la Educación las define como escuela, o grupos separados de clases dentro de una escuela, que se opera con el fin de:

(a) Aumentar al máximo las oportunidades de los estudiantes para desarrollar valores positivos como confianza en sí mismo, iniciativa, bondad, espontaneidad, saber utilizar los recursos a mano, creatividad, y responsabilidad.
(b) Reconocer que la mejor forma de aprender es cuando se desea hacerlo.
(c) Mantener un ambiente educativo que mantenga al máximo la automotivación del estudiante, animando y ayudando a éste al logro de sus propios intereses, los cuales pueden ser el resultado, total o parcialmente, de los diferentes proyectos de aprendizaje presentados por sus profesores.
(d) Aumentar las oportunidades de los maestros, padres y estudiantes para que, en cooperación, desarrollen el proceso educativo y sus asignaturas. Esta oportunidad debe ser un proceso continuo y permanente.
(e) Aumentar las oportunidades para que estudiantes, maestros y padres, continuamente reaccionen ante un cambiante mundo, incluyendo, pero no limitándose a, la comunidad en la cual está ubicada la escuela.

En caso de que algún padre, alumno o profesor esté interesado en más información relativa a las escuelas alternativas, **el superintendente de las escuelas del condado, la oficina administrativa de este distrito y la oficina del director de cada escuela, tienen disponibles copias de esta legislación para su información.** Esta ley autoriza, especialmente a personas interesadas, a pedir a la mesa directiva del distrito el establecimiento de programas de escuelas alternativas en cada distrito.

El distrito tiene la norma de no discriminar contra nadie por su sexo. Esta norma se aplica a todos los estudiantes para participar en programas y actividades, con escasas excepciones, como deportes de contacto. De acuerdo con la ley federal, quejas alegando el no cumplimiento de esta norma, deben dirigirse al director de la escuela. Apelaciones deben hacerse ante el superintendente del distrito.

_____ Leyes federales y estatales conceden ciertos derechos de acceso a los estudiantes y a sus padres.

Total acceso a los expedientes en los que se identifique a alguien y que el distrito tenga debe ser concedido a:

1) Padres de los alumnos que tengan 17 años de edad o menos.
2) Padres de los alumnos que tengan 18 años o más, si el alumno es incluido como dependiente en la declaración de impuestos.
3) Alumnos de 16 años de edad o mayores, o alumnos que están matriculados en una institución de educación post-secundaria (llamados "estudiantes elegibles").

Padres, o un estudiante elegible, pueden revisar los expedientes individuales, dirigiendo una petición al director. Este proveerá las explicaciones e interpretaciones si son solicitadas. Información que se considere incorrecta o inadecuada, puede retirarse si se pide. Los padres o estudiantes elegibles pueden recibir copias de cualquier información en los expedientes, a un precio razonable por página. Procedimientos y normas del distrito relacionados con ubicación y tipos de expedientes, clase de información retenida, personas responsables de los expedientes, guía informativa, acceso de otras personas a los expedientes, revisión y desacuerdo con los

PARENTAL RIGHTS AND RESPONSIBILITIES, page 3

information, access by other persons, review, and challenge of records are available through the principal in each school. When a student moves to a new district, records will be forwarded upon the request of the new school district. At the time of transfer, the parent (or eligible student) may review, receive a copy (at a reasonable fee), and/or challenge the records.

If you believe the district is not in compliance with federal regulations regarding privacy, you may file a complaint with the United States Secretary of Education.

_____ The district also makes student **directory information** available in accordance with state and federal laws. This means that each student's name, birth date, birthplace, address, telephone number, major course of study, participation in school activities, dates of attendance, wards, and previous school attendance may be released in accordance with board policy. In addition, height and weight of athletes may be made available. Appropriate directory information may be provided to any agency or person except private, profit-making organizations (other than employers, potential employers or news media). Names and addresses of seniors or terminating students may be given to public or private schools and colleges. Parents and eligible students will be notified prior to the destruction of any special education records.

Upon written request from the parent of a student age 17 or younger, the district will withhold directory information about the student. If the student is 18 or older or enrolled in an institution of post-secondary instruction and makes written request, the pupil's request to deny access to directory information will be honored. Requests must be submitted within 30 calendar days of the receipt of this notification.

_____ State regulations require the district to establish procedures to deal with complaints regarding special education. If you believe that the district is in violation of federal or state law governing the identification or placement of special education students, or similar issues, you may file a written complaint with the district. State regulations require that the district forward your complaint to the State Superintendent of Public Instruction. Procedures are available from your school principal.

_____ State law permits students to be absent for justifiable personal reasons. In accordance with board policy, the request must be in writing and must be agreed to by the school principal.

_____ Your child may be excused for religious instruction or religious exercises subject to certain conditions that are stated in board policy. Information may be obtained at your child's school.

_____ Your child may be included in our screening program to find any hearing and/or vision impairments. We will also be screening seventh-grade girls and eighth-grade boys for spinal irregularities (scoliosis). If you submit a written statement refusing any of the examinations, we will exempt your child from the requirements of the law.

_____ This code permits the district to excuse pupils for medical services without parental/guardian consent. However, this is not the policy of the _____ School District.

expedientes, están a su disposición en la oficina del director de cada escuela. Cuando un estudiante cambia de distrito, sus expedientes serán enviados allí si la nueva escuela los pide. Al tiempo de transferirlo, el padre (o estudiante elegible) puede revisar, recibir una copia (a precio razonable), y/o expresar su desacuerdo con los expedientes.

Si Ud. cree que el distrito no está cumpliendo con las normas federales referentes a la privacidad, puede presentar una queja ante el Secretario de Educación de los Estados Unidos.

_____ El distrito pone a su disposición **la guía informativa** de los estudiantes, de acuerdo con las leyes federales y del estado. Esto significa que el nombre de cada estudiante, fecha y lugar de nacimiento, dirección, teléfono, curso principal de estudio, participación en actividades escolares, fechas de asistencia, premios y previa asistencia escolar, pueden ser dados de acuerdo con las normas de la mesa directiva, así como la altura y peso de estudiantes atletas. Información apropiada en la guía informativa puede darse a cualquier agencia o persona, excepto organizaciones de lucro privadas (excepto firmas o compañías donde el estudiante trabaja, información solicitada para que el estudiante obtenga empleo, o medios de comunicación). Los nombres y direcciones de alumnos en grados superiores o que vayan a terminar sus estudios, pueden darse a escuelas públicas o privadas o universidades. Los padres y estudiantes elegibles serán notificados antes de la destrucción de cualquier expediente referente a la educación especial.

Al pedirlo por escrito los padres de un estudiante de 17 años de edad o menor, el distrito se abstendrá de dar información acerca de él. Si el estudiante tiene 18 o más años de edad, o está matriculado en una institución de estudios post-secundarios y lo hace por escrito, su petición de no dar acceso a su información en la guía informativa será concedida. Esta petición deberá ser presentada dentro de los 30 días siguientes al recibo de esta notificación.

_____ Las normas estatales requieren que el distrito establezca ciertos procedimientos para resolver quejas referentes a la educación especial. Si Ud. cree que el distrito está violando la ley federal o del estado que rige la identificación, ubicación de alumnos que necesitan educación especial, o asuntos similares, Ud. puede presentar una queja por escrito ante el distrito. La ley requiere que el distrito mande su queja al Superintendente Estatal de Educación Pública. Los procedimientos a seguir los encontrará en la oficina del director de su escuela.

_____ La ley del estado permite que, por razón justificable, los alumnos se ausenten de la escuela. De acuerdo con las reglas de la mesa directiva, la petición tiene que ser por escrito y deberá ser aceptada por el director de la escuela.

_____ Su niño puede ser disculpado de asistir a clase para poder obtener instrucción religiosa o asistir a ejercicios religiosos, todo esto sujeto a ciertas condiciones que son parte de la política de la mesa directiva. Puede obtener más información en la escuela de su niño.

_____ Su niño podrá ser incluido en nuestro programa de examinar a estudiantes para buscar impedimentos de oído y/o visión. También vamos a examinar a niñas del 7° grado y niños del 8° grado para tratar de encontrar y prevenir desviaciones espinales (escoliosis). Si nos manda una declaración escrita negándose a dar su permiso para estos exámenes su niño será exento, en este caso, de los requisitos de la ley.

_____ Este código permite que el distrito disculpe a alumnos de asistir a clase para poder obtener servicios médicos sin el consentimiento de los padres o tutores. Sin embargo, ésta no es la norma del Distrito Escolar de _____.

PARENTAL RIGHTS AND RESPONSIBILITIES, page 4

_____ Instruction in drug education and the effects of the use of tobacco, alcohol, narcotics, dangerous drugs and other dangerous substances will be included in courses on health and other designated areas of study at appropriate grade levels.

_____ Students may choose to refrain from participating in educational projects involving the harmful, destructive use of animals. Alternative educational projects may be assigned.

_____ Legislation prohibits the infliction of corporal punishment upon any student by any public school employee.

Career Counseling

During the school year, career counseling may be available to your child. If you wish to participate in the counseling, please contact your child's counselor and request that you be notified of the time, date and place of activity.

Child Abuse Prevention

During the school year, an educational child abuse prevention program may be provided to your child. The program is in compliance with state regulations and follows state and district standards. If you do not wish to have your child participate in this program, submit a written statement refusing your child's participation in the program.

Discipline

Strict Rules of Student Conduct

The Board of Education of the _____ School District, in support of the aims of public education, believes that the behavior of students attending the public schools should reflect standards of good citizenship demanded of members in a democratic society.

The school staff shall assist pupils in understanding the rules outlined below as well as any additional rules unique to each school site.

The _____ School District rules of student conduct are as follows:

1. Each student shall attend school every day. A pupil will be excused for illness or other authorized reasons.
2. Each student shall come to school on time.
3. Each student shall remain on the school grounds during school.
4. While on the way to school or on the way home from school, each student shall conduct him/herself in the same manner that is expected on the school grounds.
5. Each student shall obey the rules established for the school.
6. Each student shall obey teachers and other people who work at the school.
7. Each student shall speak and act respectfully, with kindness and courtesy to others at school.
8. Each student shall be respectful of school property, not attempting to cause or causing damage. Parents are financially liable if their child willfully damages school property.

_____ Instrucción en la educación sobre las drogas y el efecto del uso de alcohol, tabaco, narcóticos y sustancias peligrosas, será incluida en los cursos sobre la salud y otras áreas designadas de estudio al nivel del grado apropiado.

_____ Los alumnos pueden elegir no participar en proyectos educativos que incluyan el uso de animales de manera que éstos sean lastimados y destruidos. Otros proyectos educativos pueden ser dados a los alumnos en vez de participar en lo arriba mencionado.

_____ La legislación prohíbe el castigo físico de cualquier alumno por cualquier empleado de la escuela.

Asesoramiento sobre Carreras

Durante el año escolar, el asesoramiento sobre carreras podrá ser a disposición de su niño/a. Si usted quiere estar presente durante el asesoramiento y participar, por favor llame al consejero/a de su niño/a y pida que le notifiquen la hora, fecha y lugar de la reunión.

Prevención de Abuso de los Niños

Durante el año escolar, un programa educativo de prevención de abuso de niños(as) podrá ser presentado a su niño/a. El programa cumple con el reglamento del estado y sigue las indicaciones del estado y del distrito. Si no quiere que su niño/a participe en este programa, mande una declaración por escrito negándose a que su niño/a participe en este programa.

Disciplina

Reglas Estrictas del Comportamiento de los Estudiantes

La Mesa Directiva del Distrito Escolar de _____, respaldando los ideales de la educación pública, cree que la conducta de los estudiantes que asisten a las escuelas públicas debe reflejar los niveles de buena ciudadanía que se exigen a los miembros de una sociedad democrática.

El personal escolar ayudará a los estudiantes a entender las reglas abajo enumeradas, así como también las reglas adicionales de cada escuela.

Las Reglas del Distrito Escolar de _____ del comportamiento y conducta de los estudiantes son las siguientes:

1. Cada estudiante asistará a la escuela a diario. El estudiante será disculpado de asistir a clases por enfermedad u otras razones autorizadas.
2. Cada estudiante vendrá a la escuela a tiempo.
3. Cada estudiante estará en el campus de la escuela durante las horas de escuela.
4. Durante el camino a la escuela, o a casa desde la escuela, cada estudiante se portará de la misma manera que se espera se comporte en la escuela.
5. Cada estudiante obedecerá las reglas establecidas para la escuela.
6. Cada estudiante obedecerá a los maestros y a otras personas que trabajan en la escuela.
7. Cada estudiante hablará y se portará cortés y respetuosamente hacia otros en la escuela.
8. Cada estudiante respetará la propiedad escolar, no tratando de causar ni causando perjuicio.
   Los padres serán responsables de daños y perjuicios si su niño/a causa destrozos voluntariamente a alguna propiedad escolar.

PARENTAL RIGHTS AND RESPONSIBILITIES, page 5

Causes for Suspension or Expulsion from School

According to state law, a pupil may be suspended or expelled from school for the following acts committed at school or at a school activity off campus:

1. <u>Physical injury to others</u> - attempting to injure, threatening to injure, injuring another person.
2. <u>Damaging property</u> - damaging or attempting to damage private or school property.
3. <u>Stealing</u> - or attempting to steal private or school property, committing robbery or extortion.
4. <u>Weapons</u> - possessing, selling or furnishing any firearm, knife, explosive or other dangerous objects.
5. <u>Drugs</u> - unlawfully possessing, using, selling or furnishing, or being under the influence of drugs, alcoholic beverages or intoxicants of any kind.
6. <u>Sale of drugs</u> - offering, arranging or negotiating to sell any drugs, alcoholic beverages or intoxicants of any kind.
7. <u>Drug paraphernalia</u> - possessing, offering, arranging or negotiating to sell any drug paraphernalia.
8. <u>Tobacco</u> - possessing or using tobacco or any product containing tobacco or nicotine products including, but not limited to cigarettes, cigars, miniature cigars, clove cigarettes and smokeless tobacco, snuff, chew packets and betel.
9. <u>Profanity</u> - engaging in habitual profanity or vulgarity or committing an obscene act.
10. <u>Disruption</u> - disrupting school activities.
11. <u>Disobedience</u> - defying the authority of supervisors, teachers or administrators, school officials, or other school personnel in the performance of their duties.
12. <u>Stolen property</u> - knowingly receiving stolen school property or private property.

Razones para Suspensión o Expulsión de la Escuela

Según la ley del estado, un estudiante puede ser suspendido o expulsado de la escuela por los siguientes actos cometidos en la escuela o en una actividad de la escuela fuera del campus.

1. Daño físico a otros - tratar de herir, amenazar, o herir a una persona.
2. Daños a la propiedad - dañar o tratar de dañar la propiedad escolar o privada.
3. Robar - o tratar de robar propiedad escolar o privada, comisión de robo o extorsión.
4. Armas - posesión, venta o entrega de cualquier arma de fuego, navaja, explosivo, u otros objetos peligrosos.
5. Drogas - posesión ilícita, uso, venta o entrega o estar bajo la influencia de drogas, bebidas alcohólicas, o que produzcan embriaguez, de cualquier clase.
6. Venta de drogas - oferta, arreglo, o negociación de venta de cualquier droga, bebida alcohólica o que produzca embriaguez, de cualquier clase.
7. Parafernalia de droga - tenencia, oferta, arreglo o negociación de venta de cualquier objeto relacionado con la droga.
8. Tabaco - tenencia o uso de tabaco o cualquier producto conteniendo tabaco o productos de nicotina incluyéndose, pero no limitándose a, cigarrillos, cigarros, cigarros miniaturas, cigarrillos de clavo y tabaco sin humo, tabaco en polvo, rapé, paquetitos de mascar, y betel.
9. Lenguaje grosero - uso, de manera habitual, de palabras soeces y groseras o comisión de un acto obsceno.
10. Entorpecimiento - entorpecer las actividades escolares.
11. Desobediencia - desafío a la autoridad de supervisores, maestros o administradores, oficiales escolares, u otros empleados de la escuela, en el desarrollo de sus obligaciones.
12. Objetos robados - recibir propiedad escolar robada o propiedad privada robada, sabiendo que son objetos robados.

Student Code of Conduct

The following standards of behavior are expected for each student attending _____ High (Middle) School:

I. General School Rules

1. Prompt arrival to class is required. Students must be in their seats when the tardy bell rings.
2. Students should not be in the halls during class time unless given an official hall pass by their teacher. Only one student will be allowed to use the hall pass at a time.
3. Food and beverages are to be kept in the lunch areas.
4. Everyone has a responsibility to maintain a clean and orderly campus.
5. Before school, during nutrition or lunch time, and after school are the times to go to lockers for supplies and to take care of personal body needs. Students should not be leaving class for these reasons.
6. Students are not allowed in the faculty parking lot.
7. Permits must be shown in order to leave campus during school hours. Only the front door is to be used to leave campus.

II. Behavior

1. Loitering in front of the school at any time is not permitted.
2. Students caught on campus under the influence of or in possession of drugs or any controlled substance will be suspended and will be referred to a rehabilitation program.
3. Defiance of the authority of school personnel either by behavior, verbal abuse or gestures is not permitted.
4. Use of profanity, abusive language and racially derogatory remarks towards students, school personnel or other persons on campus is strictly prohibited.
5. Gang activity of any kind is not permitted and will result in suspension from school.
6. Students should respect public property and the property of others. Students and/or their parents will be responsible for the restoration of any defacement or vandalism.
7. Fighting, roughhousing and gambling are not allowed. Fighting will result in immediate suspension from school.
8. Weapons of any kind or any facsimile thereof are not to be brought to school. Students who are found in possession are subject to suspension and/or expulsion.

Código de Conducta de los Estudiantes

Se espera que todos los estudiantes que asisten a la preparatoria (secundaria) _____ respeten las siguientes reglas de conducta.

I. Reglas Generales de la Escuela

1. Llegar puntualmente es esencial. Los estudiantes tienen que estar en sus asientos cuando suena la campana.
2. Los estudiantes no deben estar en los pasillos durante las horas de clase a menos que algún maestro les haya dado algún pase oficial. Sólo se permite un estudiante a la vez por pase.
3. Alimentos y bebidas se mantendrán en el área donde se permite comer.
4. Cada persona tiene la responsabilidad de mantener la escuela limpia y en orden.
5. Antes de que empiecen las clases, durante los períodos de nutrición y del almuerzo, y después de que terminen las clases, son los momentos adecuados para ir a los "lockers" por cosas y/o para atender a las necesidades fisiológicas o personales. No se permitirá que los estudiantes salgan de las clases para hacer lo arriba mencionado.
6. Los estudiantes no son permitidos en el área de estacionamiento de los maestros.
7. Para poder salir de la escuela durante horas hábiles, los estudiantes deberán mostrar un pase o permiso. Sólo deberá usarse la puerta principal para salir de la escuela en estos casos.

II. Comportamiento

1. No se permite estar parado, sin ningún motivo, o congregarse frente a la escuela a ninguna hora.
2. A los estudiantes que se les sorprenda bajo la influencia de drogas o en posesión de ellas o de cualquier otra substancia controlada serán suspendidos y referidos a un programa de rehabilitación.
3. No será permitido el desafío de ningún tipo (comportamiento inadecuado, abuso verbal o gestos) a la autoridad del personal escolar.
4. Se prohibe estrictamente el uso de palabras obscenas, lenguaje abusivo, comentarios raciales despectivos dirigidos a estudiantes, al personal escolar o a cualquier otra persona que se encuentre en el recinto escolar.
5. Cualquier tipo de actividad de pandillas no es permitido y resultará en suspensión del alumno.
6. Los estudiantes deben respetar la propiedad pública y ajena. Los estudiantes y/o sus padres serán responsables de la restauración de alguna "pintada" o cualquier otro daño causado por actos de vandalismo.
7. No se permite pelear, portarse bruscamente, ni jugar juegos de apuestas. Cualquier pelea resultará en la suspensión inmediata del alumno.
8. No se permite traer a la escuela armas de ningún tipo ni cosa que se les parezca. Los estudiantes a los que se les sorprenda en posesión de estos artículos estarán sujetos a suspensión y/o expulsión.

STUDENT CODE OF CONDUCT, continued

9. Explosives of any kind, matches, cigarette lighters and firecrackers are not to be on campus. Students may be suspended and/or expelled if these items are in their possession.
10. Pressurized cans (such as hair spray, shaving cream or paint) do not belong in school. They can be dangerous and will be confiscated.
11. Radios, tape players, skateboards, or playthings of any kind are not to be brought to school. They will be confiscated and returned only to a parent.
12. Marking pens, spray paints or any items that might be used to deface school property are not to be brought to school. They will be confiscated.

III. Grooming

1. Any gang apparel, jewelry, hair nets or other items that suggest gang affiliation are strictly forbidden and will be confiscated.
2. Shoes must be worn at all times. High heel shoes, thongs, bedroom slippers and sandals without a back strap are unsafe and are prohibited.
3. Clothing, jewelry or any other items that suggest identification with the drug culture, clothing or buttons with lewd, vulgar or suggestive statements or pictures or anything with racist slurs are prohibited.
4. Spaghetti straps, see-through blouses, short tops, bare midriffs, muscle shirts and shirts without proper undergarments are not allowed as school wear.
5. Hats and caps are to be left at home or they will be confiscated.

IV. Parents' Responsibilities

1. No student should be kept at home to baby-sit.
2. Leaving town for vacation while your child's classes are in session is not an acceptable excuse for absence.
3. Dropping a student off late at school does not excuse the tardy. Classes begin promptly at _____. Students should be dropped off by _____.

9. No se permite traer a la escuela ningún tipo de explosivos, fósforos, encendedores, cohetes, ni ninguna clase de fuegos artificiales.
10. Botes de presión (como los de espuma de rasurar, espray para el pelo, o de pintura) no tienen lugar en la escuela. Pueden ser peligrosos y serán confiscados.
11. Radios, magnetófonos, patinetas, o juguetes de cualquier clase no se traerán a la escuela. Serán confiscados y devueltos únicamente a los padres.
12. Marcadores, pintura de espray, o cualquier cosa que se pueda usar para desfigurar o dañar la propiedad de la escuela, no se traerán a la escuela, y serán confiscados.

III. Vestuario

1. Cualquier ropa usada por pandillas, alhajas, redes para el pelo, u otras cosas que pueden indicar asociación con pandillas están terminantemente prohibidas.
2. Se debe usar zapatos en todo momento. Zapatos de tacón, sandalias de casa, pantuflas y sandalias sin correa atrás son peligrosos y, por lo tanto, se prohiben.
3. Ropa, alhajas o cualquier cosa que sugiera identificación con la cultura de las drogas, ropa con botones con dichos vulgares o sugestivos, o retratos o cualquier otra cosa con dichos racistas, son artículos prohibidos.
4. Vestidos de tirantes delgados, blusas transparentes, blusa muy corta, camiseta sin manga, camisas sin ropa interior apropiada, no son permitidas.
5. Gorras y sombreros se deben dejar en casa o serán confiscadas.

IV. Responsabilidades de los Padres

1. Ningún estudiante debe quedarse en casa para cuidar niños.
2. El salir de la ciudad de vacaciones cuando su hijo(a) debe estar en la escuela no es una excusa de ausencia aceptable.
3. El hecho de que los padres traigan tarde a sus hijos a la escuela no excusa al estudiante de la tardanza. Las clases empiezan a las _____ en punto. Los estudiantes deben ser traídos a la escuela aproximadamente a las _____.

Schoolwide Rules and Consequences

The following rules and consequences have been developed by the staff and parents for _____ School.

1. Treat others with kindness and respect.
2. Follow directions the first time given.
3. Running is only permitted on the playground area outside the fence.
4. Dangerous or destructive activities and objects are not permitted.
5. Use equipment properly.
6. Use appropriate language.

For students who follow the rules, **positive consequences** are available.

Good citizen assemblies are offered the last Friday of each month. Each teacher decides which students will be permitted to attend these activities. The assemblies are participatory in nature and include seasonal interests, movies and snacks, and group games.

Gold slips are available to students who are especially helpful to the teacher and other students in the classroom. Gold slip students receive recognition in the school newsletter, a "happygram" from the principal, and a treat at lunchtime for their special efforts.

For students who choose **not** to follow the rules, **negative consequences** are available. The negative consequences listed are for not following the school rules.

Each classroom teacher will inform you of the grade level rules and consequences.

1st offense: the student stands by the fence for a brief period of time.
2nd offense: pink slip, the student stands by the fence for the remainder of the play period.
3rd offense: pink slip, loss of more than one recess, parent contact.
4th offense: immediately sent to the vice principal.

Serious Infractions of Prohibited Behaviors

If a student engages in any of the prohibited behaviors, school personnel may send the student immediately to the vice principal. Any of the following consequences may be used in these situations.
- ..... counsel the student.
- ..... have the student call home and discuss the situation with the parent.
- ..... take away the student's morning and/or lunch recess periods.
- ..... keep the student before and/or after school.
- ..... have the student pick up trash on the campus.
- ..... have the student spend the day in Room _____ doing class work (in-school suspension).
- ..... have the student stay home--voluntary exclusion or home suspension.
- ..... other appropriate alternatives.

Reglamentos de la Escuela y sus Consecuencias

La siguiente lista de reglas ha sido elaborada por el personal y los padres para la escuela _____.
_____.

1. Trata a los demás con respeto y cortesía.
2. Sigue las instrucciones la primera vez que se den.
3. Sólo se permite correr en el área de juego que se encuentra fuera de la cerca.
4. No se permiten ni actividades ni objetos peligrosos o destructivos.
5. Usa el equipo apropiadamente.
6. Usa el lenguaje apropiado.

Hay **consecuencias positivas** para los alumnos que obedezcan el reglamento.

Hay **asambleas de buena conducta** el último viernes de cada mes. Cada maestro decide quiénes serán los alumnos que participarán en estas actividades. Los asistentes a estas asambleas serán los participantes. Las asambleas incluyen actividades de interés general, películas, botanas, y juegos de equipo o grupo.

Menciones doradas ("gold slips") se les dan a los alumnos que son muy serviciales con los maestros y los otros alumnos de su salón. Los alumnos de "menciones doradas" son mencionados en el boletín escolar, reciben un telegrama de felicitación del director y una golosina durante el almuerzo, como agradecimiento a sus buenos esfuerzos.

Hay **consecuencias negativas** para los alumnos que decidan **no obedecer** el reglamento.

Cada maestro informará a los estudiantes del reglamento del año escolar del alumno y de las posibles consecuencias.

1a. ofensa: el alumno permanecerá de pie a un lado de la cerca durante un período breve.
2a. ofensa: "aviso rosa", el alumno permanecerá de pie a un lado de la cerca durante el resto del recreo.
3a. ofensa: "aviso rosa", pérdida de más de un recreo, comunicación con los padres.
4a. ofensa: el alumno será enviado a la oficina del vice-director inmediatamente.

Infracciones Serias de Comportamiento Prohibido

Si un alumno participa en cualquier actividad prohibida, el personal escolar lo podrá enviar al vice director/a inmediatamente. Cualquiera de las siguientes consecuencias se podrán utilizar en estos casos.

..... aconsejar al alumno.
..... hacer que el alumno llame a casa y discutir la situación con los padres.
..... quitarle el privilegio de los períodos de recreo matutino y/o del almuerzo.
..... hacer que el alumno se quede antes y/o después de la escuela.
..... hacer que el alumno recoja la basura en el recinto escolar.
..... hacer que el alumno pase todo el día estudiando en el salón ____ (suspensión en la escuela - "in-school suspension").
..... hacer que el alumno se quede en casa--exclusión voluntaria o suspensión en su casa.
..... otras alternativas adecuadas.

School Bus Rules

Our school buses provide transportation for students attending all of the _____ District's schools. For information concerning routes, stops and times, please call your school or the District Transportation Department at _____. Please see that your child arrives at the bus stop no sooner than ten minutes before a scheduled pickup time. Students must ride their assigned bus and get off at their regular stops. If they accidentally get on a different bus, the driver will return the student to the school and the parent will be called. If your child does not arrive at home, please call the school.

In order to ensure the continuance of safe, reasonable and efficient pupil transportation, the following rules and regulations have been established by state law and by the local Board of Trustees. We ask your cooperation in reviewing these rules with your child(ren).

1. Pupils must conduct themselves at all times in a manner that shows respect for property and consideration of others. Bus transportation is a privilege, not a right. Actions such as littering, spitting, throwing any object, vandalism and harassment of others, either at the bus stop or on the bus will not be tolerated.

2. Pupils riding the bus are under the authority of, and directly responsible to, the bus driver.

3. Pupils are authorized to ride only their regularly scheduled bus, to and from only their assigned stops, except when written permission from the parent (and approved by the school) is presented to the driver.

4. Pupils must wait for the bus in a safe place. When they see the bus coming, they should move back six feet from where the bus will stop and line up for loading. Pupils must enter and leave the bus in an orderly manner.

5. Animals, birds, reptiles, fish, insects, breakable containers, skateboards, weapons, or any object that could be hazardous will not be transported.

6. Pupils will remain seated from the time they board the bus until they arrive at their destination and the bus door is opened. All parts of the body must be inside the bus. Seats may be assigned by the driver if necessary.

7. Eating, chewing gum, drinking and smoking are not permitted.

Reglas del Autobús Escolar

Nuestros autobuses escolares proveen transporte a los estudiantes que asisten a todas las escuelas del distrito. Para obtener información de rutas, paradas y el horario, por favor llame la escuela o al Departamento de Transporte del Distrito al _____. Por favor, procure que su niño llegue a la parada de autobús no antes de diez minutos de la hora de recogida. Los alumnos deben viajar en el autobús establecido para ellos y salir en sus paradas. Si accidentalmente se suben a un autobús diferente al suyo el conductor llevará al alumno a la escuela y se llamará al padre. Si su niño no llega a casa, por favor llame a la escuela.

A fin de asegurar la continuación de eficiente, razonable y seguro transporte, las siguientes reglas han sido establecidas por ley del estado y por la Mesa Directiva local. Pedimos su cooperación y el repasar estas reglas con su niño.

1. Los alumnos deben portarse en todo momento de manera que muestre respeto por la propiedad y también consideración con otros. El transporte en el autobús es un privilegio, no un derecho. No se tolerará el tirar basura, escupir, arrojar cualquier objeto, vandalismo y molestar a otros, ya sea en la parada de autobús o dentro del autobús.

2. Los alumnos que viajan en el autobús están bajo la autoridad de, y son directamente responsables, al conductor del autobús.

3. A los alumnos se les autoriza viajar únicamente en el autobús al que han sido destinados, y desde solamente sus paradas ya determinadas, excepto con el permiso escrito del padre (y aprobado por la escuela) que necesita ser presentado al conductor.

4. Los alumnos deben esperar el autobús en un lugar seguro. Cuando vean el autobús venir, deben moverse hacia atrás seis pies de la parada y hacer cola para subir. Los alumnos deben subirse y bajarse del autobús de una manera ordenada.

5. Animales, pájaros reptiles, peces, insectos, recipientes frágiles, patinetes, armas o cualquier objeto que pueda ser peligroso no serán aceptados en el autobús.

6. Los alumnos permanecerán sentados desde el momento en que aborden el autobús hasta que ellos lleguen a su destino y la puerta del autobús se abra. Todas las partes del cuerpo deben estar dentro del autobús. Los asientos pueden ser reservados para cada alumno por el conductor si fuera necesario.

7. No se permite comer, masticar chicle, beber y fumar.

SCHOOL BUS RULES, page 2

8. Avoid touching the emergency exit and driver-operated mechanisms.

9. Talk quietly and make no unnecessary noise. Be absolutely quiet when approaching and crossing railroad tracks, or when sirens are heard.

10. Profanity, vulgarity and obscene gestures are not permitted.

11. Students must be fully attired, including shoes. Spiked or cleated shoes are not allowed.

12. Radios and tape players are not allowed on the bus.

13. Upon departure from the bus, cross the street only in front of the bus and under the supervision of the driver.

Bus Misconduct Referrals

Pupils who violate these bus riding rules will receive Bus Misconduct Referrals as follows:

1. Routine, non-personal breaches of conduct, not in violation of state or federal statues, will cause denial of bus riding privileges, both to and from school, at the following rate:

    A. First Referral: Warning
    B. Second Referral: Warning or denial of bus riding privileges for a period determined by the principal.
    C. Third referral: Denial of transportation for a minimum of one calendar month.

2. Referrals issued for violations of state or federal statutes; for profanity, vulgarity or obscene gestures to anyone; for refusal to comply with the directions of the driver; for performing unsafe acts or violations of safety rules, may be cause for more severe disciplinary action, up to and including permanent termination of bus riding privileges.

3. Pupils living in other than the prescribed busing area for their grade, or in other than the prescribed school attendance area, may be denied bus transportation after the issuance of one Bus Misconduct Referral.

4. Walking distances established by the Board of Trustees are from school to home and home to the nearest bus stop:

    | Grades K-2 | 3/4 mile |
    | Grades 3-5 | 1 mile |
    | Grades 6-8 | 1 1/2 miles |
    | Grades 9-12 | 2 miles |

8. Evitar tocar la salida de emergencia y mecanismos operados por el conductor.

9. Hablar en voz baja y no hacer ruido innecesario. Guardar absoluto silencio cuando el autobús va a cruzar y cruza las vías del ferrocarril o cuando se oyen sirenas.

10. Palabras soeces y vulgares y gestos obscenos no son permitidos.

11. Los alumnos deben estar totalmente vestidos, incluyendo zapatos. Zapatos claveteados o de suelas no normales no son permitidos.

12. Radios y magnetofones no son permitidos en el autobús.

13. Cuando se bajan del autobús, cruzar la calle únicamente delante del autobús y bajo la supervisión del conductor.

Referencias por Mala Conducta en el Autobús

Los alumnos que infringen estas reglas del transporte en autobús recibirán Referencias de Mala Conducta como sigue:

1. Violaciones de conducta que no atañan a los estatutos estatales o federales, ocasionarán la denegación del permiso de viajar en autobús a la escuela y desde la escuela, como sigue:

    A. Primera Referencia: Una advertencia.
    B. Segunda Referencia: Una advertencia o la denegación del permiso de viajar en autobús por un período determinado por el director.
    C. Tercera Referencia: La denegación del permiso de transporte por un mínimo de un mes.

2. Las referencias emitidas por violaciones de estatutos federales o del estado; por usar palabras soeces, vulgares u obscenas o hacer gestos obscenos a alguien; por negarse a cumplir con las indicaciones del conductor; por infracciones o actos que pongan la seguridad en peligro en contra de las reglas de seguridad, pueden ocasionar acción disciplinaria más severa, hasta e incluyendo la terminación permanente de privilegios de viajar en el autobús.

3. Los alumnos que viven en áreas no incluidas en el área normal de transporte para su grado o fuera del área delimitada para la escuela, pueden ser denegados transporte de autobús después de la emisión de una Referencia de Mala Conducta en el Autobús.

4. Las distancias normales de ir a pie, establecidas por la Mesa Directiva, son desde la escuela a la casa y desde la casa a la parada de autobús más próxima.

    | Grados K-2 | 3/4 de milla |
    | Grados 3-5 | 1 milla |
    | Grados 6-8 | 1 1/2 millas |
    | Grados 9-12 | 2 millas |

HOMEWORK POLICY

The Board of Education acknowledges that it is appropriate for pupils to be assigned homework in addition to the regular classroom learning experience. When properly utilized, homework constitutes a valuable supplement to the pupil's directed study during school hours. Homework assignments are to be made at the discretion of the individual classroom teacher. The extent and amount of homework should be expected to increase as the pupil progresses through the grade levels of school. The assignment of homework as punishment is to be avoided.

Homework is purposeful when assigned to pupils in order to:

- maintain and extend good study habits developed in the classroom.
- strengthen fundamental skills.
- develop responsibility for completing tasks on time.
- provide opportunities to apply work, study, and reference skills.
- provide opportunities to engage in creative projects and self-directed activities.

The principal's responsibility is to:

- discuss the homework policy with teachers.
- develop with teachers a homework program adapted to the school.
- implement the homework program.
- interpret the homework program and policy to parents.
- maintain a continuous evaluation of homework.

The teacher's responsibility is to:

- provide assignments related to class work.
- notify parents at the beginning of the school year of the homework requirements.
- make available the materials needed for the assignment.
- make certain pupils understand the assignment and its purpose.
- check and evaluate the homework.
- provide feedback to students on their homework.

The pupil's responsibility is to:

- be sure he/she understands and knows how to do the assignment.
- have the necessary materials on hand.
- take care of and return school books needed for homework.
- follow study techniques outlined by the teacher.
- apply and practice skills learned in class.
- strive for the best quality of work which he/she is capable.
- complete and return assignments on time.

The parent's responsibility is to:

- provide the child with a quiet place and adequate time to do the homework.
- encourage the child to do his/her own work and be a good listener.
- encourage the use of good study habits and the completion of assignments.
- insist upon the proper use and care of books and materials.
- remind the child to bring all materials back to school each day.

La Mesa Directiva reconoce que es apropiado que los alumnos reciban tarea además del normal trabajo en clase. Cuando adecuadamente utilizada, la tarea constituye un valioso suplemento al estudio supervisado del alumno durante horas de escuela. La tarea es a la discreción del maestro. Al alcance y la cantidad de tarea aumentará conforme el alumno pasa de un grado a otro. El obligar al alumno a hacer tarea como forma de castigo no se recomienda.

La tarea se da a los alumnos a fin de:

- mantener y desarrollar buenos hábitos de estudio aprendidos en la aula.
- fortalecer habilidades fundamentales.
- desarrollar la responsabilidad de completar tareas a tiempo.
- dar oportunidades de poner en práctica habilidades como usar referencias, el trabajo y el estudio.
- dar oportunidades de hacer creativos proyectos y actividades que requieren iniciativa.

La responsabilidad del director es:

- discutir la política de tarea con los maestros.
- desarrollar con los maestros un programa de tarea adaptado a la escuela.
- implementar el programa de tarea.
- interpretar la política y programa de tarea a padres.
- mantener una continua evaluación de tarea.

La responsabilidad del maestro es:

- dar tarea relacionada al trabajo en la clase.
- notificar a los padres, a principios del año escolar, de los requisitos de la tarea.
- poner a disposición de los alumnos los materiales necesarios para hacer la tarea.
- asegurase de que los alumnos comprendan la tarea y su propósito.
- verificar y evaluar la tarea.
- comentar los resultados de la tarea con los estudiantes.

La responsabilidad del alumno es:

- estar seguro de que comprende y sabe hacer la tarea.
- tener disponible los necesarios materiales.
- cuidar y devolver a la escuela los libros necesarios para hacer la tarea.
- utilizar las técnicas de estudio explicadas por el profesor.
- aplicar y practicar lo aprendido en la clase.
- tratar de hacer el mejor trabajo de que es capaz.
- completar y devolver la tarea a tiempo.

La responsabilidad del padre es:

- poner a disposición del niño un lugar tranquilo y el tiempo adecuado para hacer la tarea.
- animar al niño a hacer su propio trabajo y escuchar con atención.
- fomentar el uso de buenos hábitos de estudio y el terminar la tarea.
- insistir sobre el cuidado y apropiado uso de libros y materiales.
- recordar al niño que traiga todos los materiales necesarios la a escuela cada día.

ABSENCE VERIFICATION

Request for Absence Verification

Our records show that your child, _____, was absent from school
(Name)
on _____. Please complete the form at the bottom of the page and return it to
(Date)
school tomorrow. Please call the school the first morning your child is absent. State law requires absence verification. Your phone call will help save the school office precious time. Many hours are devoted each day attempting to contact parents whose children are absent. Your assistance will be greatly appreciated. Thank you.

Teacher: _____ Grade: ____

Date: _____

Please Return Tomorrow

Child's name _____ was absent on _____

because he/she was: ill _____   had a medical appt. _____   was out of town _____

other _____

Signature of Parent/Guardian _____

_____ School

Phone: _____

Solicitud de Verificación de Ausencias

Nuestros archivos indican que su niño/a, _____, estuvo ausente
                                                (Nombre)
el _____. Por favor complete el impreso (al pie de la página) y devuélvalo a la
    (Fecha)
escuela mañana. Por favor llame a la escuela la primera mañana en que su hijo/a esté ausente. La ley estatal requiere verificación de ausencias. Su llamada telefónica le ahorrará a la oficina de la escuela un tiempo necesario para otras cosas. Muchas horas por día se dedican a tratar de ponernos en contacto con padres cuyos niños están ausentes. Su cooperación se agradece. Muchas gracias.

Maestro(a): _____ Grado: ____
Fecha: _____

Favor de Devolver Mañana

Nombre del estudiante _____ estuvo ausente el ____ de _____

porque él/ella estuvo: enfermo/a _____ tuvo una cita para ver al doctor _____

estuvo fuera de la ciudad _____ otras razones _____

Firma del Padre/Tutor: _____

    Escuela _____

    Teléfono: _____

TARDINESS POLICY

Unexcused Tardiness Policy

Unexcused tardiness will not be tolerated.

The school is a place of work for students. The business of the student is to learn. Efficient learning cannot take place if the students are not in class. School starts promptly at ____. Every student needs to be at school and in class on time. Punctuality is important. All unexcused tardies are counted each semester.

A. Responsibility of the student:
1. To be at school and in class on time.
2. If you are late, you must make up the time or stay in detention.
3. You will have to take tardy notices home and bring them back signed.

B. Responsibility of the parents/guardians:
1. See that your child leaves home on time and arrives at school before ____.
2. At the beginning of each semester, each teacher will notify you of the requirement to make up time.
3. If your child brings home a tardy note, sign it and be sure your child returns it.

C. During the semester these steps will be taken regarding tardies that have not been erased by detention after school:
1. **First Tardy:** Student will be counseled by the teacher and a note will be sent to the parents for them to sign.
2. **Second Tardy:** The teacher will send a note home to be signed by the parents and returned by the student.
3. **Third Tardy:** The teacher will send a "Notice of After School Detention" to be signed by the parents and returned by the student. A copy will be sent to the counselor's office.
4. **Fourth or More:** The teacher will notify the parents and the counselor's office. The student will be assigned to detention. The teacher will assign a "U" grade in work habits.
5. **Fifth or More:** The teacher will notify the parents and the counselor's office. The student will be assigned to detention.

By: _____   _____
    Homeroom Teacher   Homeroom Number

I have discussed the tardiness policy with _____
                                               Student's Name
and have explained what is expected.

Date: _____   Counselor: _____

       Signature of Parent/Guardian _____

Normas para Tardanzas Sin Excusa

No se tolerarán las tardanzas sin excusa.

La escuela es el lugar de trabajo de los estudiantes. Lo importante para los estudiantes debe ser aprender. El aprendizaje eficiente no puede existir si los estudiantes faltan a clase. La escuela comienza a las _____ en punto. Cada estudiante debe de estar en la escuela y en la clase a tiempo. La puntualidad es importante. Todas las tardanzas sin excusa son contadas cada semestre.

A. Las responsabilidades del estudiante:
1. Estar en la escuela y en la clase a tiempo.
2. Si llegas tarde, tendrás que compensar por el tiempo perdido o quedarte en detención.
3. Tendrás que llevarte todas las notas de tardanza a casa y devolverlas a la escuela.

B. Las responsabilidades de los padres/tutores:
1. Asegúrese de que su hijo/a salga de su casa a tiempo y llegue a la escuela antes de las _____.
2. Al principio del semestre cada maestro le notificará si tiene algún plan para compensar por el tiempo perdido.
3. Si su hijo/a le trae una nota de tardanza, fírmela y asegúrese de que su hijo/a la devuelva a la escuela.

C. Las siguientes medidas serán tomadas durante el semestre en relación a las tardanzas no borradas por el método de detención después de clases.
1. **Primera Tardanza:** El estudiante será aconsejado por el maestro/a y una nota se les enviará a los padres para que la firmen.
2. **Segunda Tardanza:** El maestro/a mandará una nota a casa para que los padres la firmen y la devuelvan por medio del estudiante. Una copia se mandará a la oficina de los consejeros.
3. **Tercera Tardanza:** El maestro/a mandará la nota "Aviso de Detención Después de Horas Regulares", para que los padres la firmen y la devuelvan por medio del estudiante. Una copia se mandará a la oficina de los consejeros.
4. **Cuarta Tardanza:** El maestro/a notificará a los padres y a la oficina de los consejeros. El estudiante será asignado a detención. El maestro/a le dará una "U" en hábitos de trabajo como calificación.
5. **Quinta o Más:** El maestro/a notificará a los padres y a la oficina de los consejeros. El estudiante será enviado a detención.

Para: _____   _____
       Maestro/a del Salón Principal   Número del Salón Principal

He hablado de las normas de tardanza con _____
                                                                 Nombre del Alumno
y le he explicado lo que se espera de él (ella).

Fecha: _____   Consejero(a): _____

        Firma del Padre/Tutor _____

DRESS CODE

Date: _____

Dear Parents or Guardians,

From time to time it is important to review the school Dress Code with both parents and students. We would appreciate it if you would help your child make appropriate choices when selecting clothes for school.

Dress Code

Footwear that provides adequate protection must be worn at all times. Shoes must have a heel strap and toes must be covered. High or thick heeled shoes, sandals or bedroom slippers are not permitted.

Hair must be clean and neat, and dangling earrings are not permitted. Jewelry that suggests identification with drug or gang cultures is strictly forbidden.

Clothing must be clean and in good repair. It must not show any defaming or disrespectful symbols or represent any gang affiliation. The torso must be covered. See-through garments, spaghetti straps, short tops, bare midriffs, muscle shirts and shirts without proper undergarments are not allowed as school wear. Walking shorts are permitted. Hats are not allowed for hygienic reasons.

Thank you for your cooperation in reviewing these rules with your child.

Sincerely,

_____
Principal

Fecha: _____

Estimados Padres o Tutores:

De vez en cuando es importante repasar el Código de Vestuario con los padres y con los estudiantes. Apreciamos el que ayuden a sus niños a seleccionar la ropa apropiada para la escuela.

Código de Vestuario

<u>Calzado</u> que provea protección adecuada debe usarse en todo momento. Los zapatos deben tener correa en el área de los talones y los dedos deben estar cubiertos. No se deben usar zapatos de tacón alto, ni sandalias o zapatillas de casa.

<u>El Cabello</u> debe estar limpio y peinado. No se permite usar aretes grandes. Se prohibe terminantemente el uso de alhajas que puedan identificarse con la cultura de la droga y con pandillas.

<u>La Ropa</u> debe estar limpia y en buen estado. No debe mostrar ningún símbolo que sugiera difamación o sea irrespetuoso, o represente afiliación con alguna pandilla. El torso debe estar cubierto. No son permitidas telas transparentes, blusa muy corta, vestidos de tirantes delgados, camiseta sin manga o camisas sin ropa interior apropiada. Pantalones cortos (de "walking") son permitidos. Por razones de higiene no se permite usar gorras ni sombreros.

Gracias por su cooperación en repasar el Código de Vestuario con sus hijos.

Atentamente,

_____
Director(a)

Discipline

CITIZENSHIP EXPECTATIONS

Citizenship Expectations

The development of our students into responsible, well-behaved citizens is one of the primary goals of _____ School. We believe students can form excellent citizenship habits by accepting responsibility for their behavior. A positive school climate assists the students by encouraging them to make appropriate choices. When students do decide to make inappropriate choices, the consequences will be firm, fair and consistent. All students benefit when they are free to learn to the best of their abilities from teachers who are able to teach to the best of their abilities.

We believe the development of excellent citizenship is a shared responsibility, one belonging to staff, students and parents:

The staff responsibilities are to:
- reflect a personal enthusiasm for learning.
- assist students to make the appropriate choices.
- communicate with students and parents in a regular and positive manner regarding successes, problems and proposed solutions.
- assist in the development, communication and enforcement of the rules.
- establish a system of mutual support in the development of student self-management.
- offer a program that provides for individual differences.

The student responsibilities are to:
- come to school ready to learn.
- cooperate with staff by following school and classroom rules.
- behave in a manner that does not interfere with the rights of others.
- attend classes and complete assigned work on time.

The parent responsibilities are to:
- instill in your child a desire to learn.
- guide your child to develop acceptable behavior which includes control and accountability for his or her actions.
- know, understand and support the rules your child is supposed to follow.
- be sure your child is in school regularly and on time.
- communicate with the school regularly.
- ensure that your child is clean, in good health and properly nourished.

Please be aware of the following behaviors and the school's evaluation of how serious the behaviors are.

These actions are considered **minor violations**:
- using equipment improperly.
- annoying other children.
- going to the office and other parts of the campus without permission.

These actions are considered **major violations**:
- ignoring the instructions of school personnel.
- continuous minor violations.
- destroying or losing school property.
- taking property that does not belong to you.
- throwing rocks.
- use of bad language.
- spitting.

These actions are **absolutely prohibited**:
- defiance of authority and deliberate classroom disruptions.
- assault--verbal or physical threat or action against other persons.
- fighting.
- the use or possession of any alcohol, tobacco or drugs.
- theft of school or personal property.
- vandalism--deliberate destruction of or damage to the property of others.
- the use or possession of any item which could cause dangerous injury to others.

CITIZENSHIP EXPECTATIONS

Lo que se Espera con Respeto a la Conducta

Uno de los objetivos principales de la escuela _____ es el formar alumnos que sean ciudadanos responsables y de buena conducta. Creemos que los alumnos aprenden a comportarse bien aceptando la responsabilidad de su manera de comportarse. Un ambiente escolar positivo fomenta la toma de decisiones adecuadas. Si los alumnos deciden tomar decisiones no adecuadas, las consecuencias serán firmes, justas y consistentes. Todos los alumnos se benefician cuando se les permite, tanto a alumnos como a maestros, trabajar al nivel de su capacidad.

Creemos que la formación de excelente comportamiento es una responsabilidad compartida por el personal docente, los alumnos y los padres.

Las responsabilidades del personal son:
..... demostrar entusiasmo por el aprendizaje.
..... ayudar a los alumnos a tomar decisiones adecuadas.
..... mantenerse en comunicación con alumnos y padres de manera frecuente y positiva acerca de los éxitos, problemas y soluciones propuestas.
..... ayudar en el desarrollo, comunicación y cumplimiento del reglamento.
..... establecer un sistema de apoyo mutuo para desarrollar el auto-control del alumno.
..... ofrecer un programa que se adapte a las diferencias de los individuos.

Las responsabilidades del alumno son:
..... presentarse en la escuela listo para aprender.
..... cooperar con el personal al obedecer el reglamento de la escuela y de la aula de clases.
..... comportarse de manera que no viole los derechos de los demás.
..... asistir a clases y terminar a tiempo el trabajo asignado.

Las responsabilidades de los padres son:
..... inculcarle el deseo de aprender a su hijo(a).
..... enseñarle a su hijo(a) el comportamiento adecuado, que incluya el control y la responsabilidad por sus acciones.
..... conocer, entender y apoyar el reglamento que su hijo(a) debe respetar.
..... cerciorarse de que su hijo(a) esté en la escuela en forma regular y puntual.
..... estar en contacto frecuente con la escuela.
..... cerciorarse de que su hijo(a) esté limpio, goce de buena salud y esté bien alimentado.

Queremos que Ud. esté enterado de las siguientes conductas y la seriedad que tienen para la escuela.

Estas acciones se consideran **violaciones poco graves**:
..... el uso inadecuado del equipo.
..... el irritar otros niños.
..... el ir a la oficina u otras áreas de la escuela sin permiso.

Estas acciones se consideran **violaciones graves**:
..... el ignorar las instrucciones del personal escolar.
..... el cometer infracciones poco graves continuamente.
..... la destrucción o pérdida de bienes de la escuela.
..... el tomar la propiedad de otras personas.
..... el tirar piedras.
..... el uso de lenguaje grosero (malas palabras).
..... el escupir.

Estas acciones están **absolutamente prohibidas**:
..... el desafío a la autoridad y la interrupción deliberada o entorpecimiento de la clase.
..... la agresión--amenaza o acto verbal o físico contra otras personas.
..... el pelearse.
..... el uso o posesión de alcohol, tabaco o drogas.
..... el robo de propiedad privada o escolar.
..... el vandalismo--la destrucción o el daño intencional de la propiedad de otros.
..... el uso o la posesión de cualquier objeto que pueda causar una lesión peligrosa a otras personas.

AFTER SCHOOL DETENTION

Notice of After School Detention

_____ School

Date: _____

Dear _____,

We are requesting that _____ remain in school after class for

    ____ 15 minutes
    ____ 30 minutes
    ____ one hour
on _____
    Day/Date

because of:

    ____ Bad behavior
    ____ Breaking school rules
    ____ Poor work habits
    ____ Not doing his/her homework
    ____ Not finishing his/her work in class
    ____ Being late for class

    ____ Practicing for a program
    ____ Helping the teacher
    ____ Other reason: _____

School district rules require that parents or guardians are notified when students have to remain at school after the regular dismissal time.

Thank you for your cooperation in this matter.

_____   _____
Principal   Teacher

Parent or Guardian:

Please sign and return this part to the teacher:

I received the notice that my child, _____, needs to stay at school after the regular dismissal time on _____.

Signature: _____
Parent or Guardian

Aviso de Detención Después de Horas Regulares

Escuela _____
Fecha: _____

Estimado/a _____,

Se le ha pedido a _____ que se quede en la escuela después de terminadas las clases

_____ 15 minutos
_____ 30 minutos
_____ 1 hora

el _____
       Día/Fecha

debido a:

_____ Mal comportamiento
_____ Infracción de los reglamentos de la escuela
_____ Tener malos hábitos de trabajo
_____ No hacer su tarea
_____ No terminar su tarea en el salón de clase
_____ No llegar a clase a tiempo

_____ Practicar para un programa
_____ Ayudar al maestro(a)
_____ Otra razón: _____

Las reglas del distrito escolar requieren notificación, a los padres o tutores, cuando los niños tienen que quedarse en la escuela después de la hora regular de salida.

Gracias por su cooperación en este asunto.

_____   _____
Director(a)   Maestro(a)

Padres o Tutores:

Por favor firmen y devuelvan esta sección al maestro.

Recibí el aviso de que mi hijo/a, _____, va a quedarse en la escuela después de la hora regular de salida el _____.

Firma: _____
                Padre o Tutor

SCHOOL BUS DISCIPLINE - SPECIAL EDUCATION

Date: _____

Procedure for Maintaining Discipline on the School Bus

The safe transportation of Special Education children is our foremost goal. Should a child choose **not** to follow the rules for bus safety, the following procedures will be followed:

* **First Occurrence**--Verbal warning.

* **Second and Third Occurrences**--Written warning (copy to parent/guardian and teacher).

* **Fourth, Fifth, and Sixth Occurrences**--One day suspension (each occasion) from riding the bus. Parents or guardian will be contacted prior to suspension, either by telephone or in writing.

* **Seventh Occurrence**--One-day suspension plus the use of the "Bus Riding Behavior Report" check-off system each day after the suspension.

* **Eighth Occurrence**--A District I.E.P. Team will review the child's eligibility to continue receiving transportation services.

Children who are observed to be (1) throwing objects inside or outside of the bus, or (2) fighting, will **automatically be suspended** from the bus for one day. They will not receive a verbal warning.

A child will not be received back on the bus after a suspension unless the bad conduct write-up notice has been **signed and returned** by the parent or guardian.

If you have any questions or concerns regarding your child's conduct on the bus, please call the _____ at number _____.
     (Department)

Fecha: _____

Procedimientos para Mantener Disciplina en el Autobús Escolar

Nuestro deseo más ferviente es que haya seguridad en el transporte de los alumnos de Educación Especial. Si alguno de los alumnos se niega a seguir las reglas de seguridad del autobús, estará sujeto a los siguientes procedimientos:

* **Primer Incidente**--Advertencia de palabra.

* **Segundo y Tercer Incidente**--Advertencia escrita (copia a los padres/tutores y al maestro/a).

* **Cuarto, Quinto, y Sexto Incidente**--Un día de suspensión (por cada vez) de viajar en el autobús. Los padres o tutores serán informados por teléfono o por escrito antes de la suspensión.

* **Séptimo Incidente**--Un día de suspensión, más el uso del "Reporte de Conducta en el Autobús", un sistema de control que se usará todos los días después de la suspensión.

* **Octavo Incidente**--Un comité del Programa Educativo Individualizado (I.E.P.) estudiará la situación y decidirá si el alumno es elegible para seguir recibiendo el servicio de transporte.

A los alumnos que se les observe (1) arrojando objetos dentro o fuera del autobús o (2) peleando, serán **automáticamente suspendidos** del autobús por un día. No recibirán advertencia verbal.

No se le permitirá al alumno volver a viajar en el autobús después de una suspensión a menos que el aviso de mala conducta haya sido firmado y devuelto por el padre o tutor.

Si tiene cualquier pregunta o comentario sobre la conducta de su hijo en el autobús, por favor diríjase al _____ al teléfono _____.
(Departamento)

PARENT NOTIFICATION - DRUGS ON SCHOOL GROUNDS

Drugs

Dear _____,   Date: _____

    The possession or use of a controlled dangerous substance, narcotic or other illegal drug or drugs as defined by state law is illegal and therefore prohibited on school grounds.

    On _____, 19____, your son/daughter, _____, a _____ grade student at _____ School, was referred to our office for the illegal possession or use of drugs. The details are:

_____

_____

_____

    Students found in possession of, or using, illegal drugs shall be suspended immediately from school until such time as the Board of Education shall act upon the case. The parents of the student shall be notified of their legal rights. The Board reserves the right to call in outside civil authorities when appropriate.

    Your son/daughter is hereby suspended from school pending action of the Board of Education. You are requested to call _____ at your earliest convenience to arrange for a conference.

                                                  Sincerely,

                                                 _____

                                                 Principal

Drogas

Estimado _____,   Fecha: _____

La posesión o uso de una substancia peligrosa controlada, narcótico u otras drogas ilegales, así definidas por la ley del estado, es ilegal y, por lo tanto, prohibida en propiedad escolar.

El ____ de _____ de 19___, su hijo/a, _____, estudiante del _____ grado en la escuela _____, fue referido(a) a nuestra oficina por posesión ilegal o uso de drogas. Los detalles son:

_____
_____
_____

Los estudiantes a los que se les sorprenda en posesión de, o usando drogas ilegales serán inmediatamente suspendidos, hasta el momento en que la Junta Directiva del Distrito Escolar de _____ pueda resolver el caso. Los padres del estudiante serán notificados de sus derechos legales. La Junta Directiva se reserva el derecho de llamar a las autoridades civiles cuando sea apropiado.

Se suspende a su hijo (hija) de la escuela hasta que la Junta Directiva tome una decisión. Se ruega llamar al número _____ lo antes posible para hacer una cita para una entrevista.

Atentamente,

_____
Director(a)

PARENT NOTIFICATION - ALCOHOLIC BEVERAGES ON SCHOOL GROUNDS

Alcoholic Beverages on School Grounds

Date: _____

Dear _____,

On _____, 19____, your son/daughter, _____, a _____ grade student at _____ School, was reported to the main office for the possession and/or consumption of alcoholic beverages on school grounds. The following occurred:

_____

_____

_____

This is a violation of the strict policy set down by the _____ Board of Education. This policy requires a three-day suspension as punishment for the offense. Your son/daughter is hereby suspended from school on the following days: _____, _____ and _____, 19____.

You are urged to discuss the seriousness of this matter with your child. You are also requested to call me at _____ to discuss this matter.

Sincerely,

_____
Principal

PARENT NOTIFICATION - ALCOHOLIC BEVERAGES ON SCHOOL GROUNDS

Bebidas Alcohólicas Dentro del Recinto de la Escuela

Fecha: _____

Estimado _____,

El _____ de _____ de 19____, su hijo/hija, _____, estudiante del _____ grado, fue denunciado a la oficina principal por posesión y/o consumo de bebidas alcohólicas dentro del recinto de la escuela. Ocurrió lo siguiente:

_____
_____
_____

Esto es una infracción de las estrictas normas establecidas por la Junta Directiva del Distrito Escolar de _____. Esta infracción requiere una suspensión de tres días como castigo por la ofensa. Su hijo/a está suspendido de la escuela los siguientes días: _____, _____ y _____ de 19____.

Es importante que ustedes discutan la seriedad del problema con su hijo(a). También es necesario que me llame al _____ para discutir este asunto.

Atentamente,

_____
Director(a)

SUSPENSION NOTICE

Suspension Notice

Pupil's Name: _____ Date: _____
Address: _____ Telephone: _____
School: _____ Grade: _____ Track: _____

Dear _____:

This is official notification that your child named above has been suspended from _____ School for ____ days. He/She is to return to school on _____ at _____.
                                                       (Date)   (Time)

The reason for the suspension is as follows:
- ____ Causing or attempting to cause damage to school property, or stealing or attempting to steal school property.
- ____ Causing or attempting to cause damage to private property, or stealing or attempting to steal private property.
- ____ Causing, attempting to cause, or threatening to cause physical injury to another person.
- ____ Possessing, selling or otherwise furnishing any firearm, knife, explosive or other dangerous object at school or at a school activity off school grounds.
- ____ Unlawfully possessing, using, selling or otherwise furnishing, or being under the influence of any controlled substance (narcotics and other restricted dangerous drugs), alcoholic beverage or intoxicant of any kind.
- ____ Possessing or using tobacco.
- ____ Committing an obscene act or engaging in habitual profanity or vulgarity.
- ____ Disrupting school activities or otherwise willfully defying the valid authority of supervisors, teachers or administrators.

It is requested that you attend a conference with us to discuss this action on:
_____, at _____, at _____.
(Date)   (Time)   (Location)

State law requires that you respond to this conference request without delay.

You have the right to request a meeting with the Superintendent or his (her) designee regarding this suspension and to review your child's records.

If you have any questions, please call the school office at _____.

                                                              Sincerely,

                                                              _____
                                                              Principal

SUSPENSION NOTICE

Noticia de Suspensión

Nombre del Estudiante: _____ Fecha: _____
Domicilio: _____ Número de Teléfono: _____
Escuela: _____ Grado: _____ Horario: _____

Estimados _____:

Esta es la notificación oficial de que su hijo(a) arriba mencionado ha sido suspendido de la escuela _____ por ____ días. Él (Ella) debe regresar a la escuela el _____ a las _____.
                                                                         (Fecha)   (Hora)

El motivo de la suspensión es el siguiente:

____ Causar o tratar de causar daños a la propiedad escolar, o robar o tratar de robar propiedad escolar.

____ Causar o tratar de causar daños a la propiedad privada, o robar o tratar de robar propiedad privada.

____ Causar o tratar de causar o amenazar con daños físicos a otra persona.

____ Poseer, vender o proporcionar armas de fuego, cuchillos, explosivos u otro objeto peligroso en la escuela a los estudiantes durante o después de la escuela en una actividad escolar.

____ Ilegalmente, poseer, usar, vender o proporcionar drogas, narcóticos (cualquier sustancia peligrosa y restringida), bebidas alcohólicas o estar bajo la influencia de cualquier sustancia controlada.

____ Poseer o fumar tabaco.

____ Cometer actos indecentes o decir, de manera habitual, palabras soeces y de mal gusto.

____ Interrumpir la clase o actividades escolares, o no tener respeto a los supervisores, maestros o administradores.

Pedimos que usted asista a una conferencia con nosotros para discutir esta decisión el:
_____, a las _____, en _____.
    (Fecha)   (Hora)   (Lugar)

La ley del estado requiere que usted responda a esta petición de conferencia sin demora.

Usted tiene el derecho de solicitar una junta con el Superintendente o su representante en lo que se refiere a la suspensión y examinar el expediente de su hijo(a).

Si tiene alguna pregunta, por favor llame a la oficina de la escuela al _____.

                            Atentamente,

                            _____
                               Director(a)

Student Health and Safety

HEALTH RECORDS

Health Status Update

Student's Name: _____ Date: _____

School: _____ Teacher: _____ Grade: _____

We need the following information to bring your child's health records up-to-date. All information will be kept in the strictest confidence. This information is important to us in offering your child the best opportunities to learn. Please check or complete those which apply to your child.

1. My child has no disabling or special conditions. ___

2. My child has: Asthma ___ Allergies ___ (Mild ___ Moderate ___ Severe ___)
   Seasonal: Spring ___ Fall ___ Winter ___ Summer ___ Year-round ___
   What is the child allergic to? _____
   Medication(s) prescribed: _____
   Dosage: _____ How often: _____
   Have you provided this medication to the school health office? Yes ___ No ___
   Are there activities your child cannot perform? _____
   _____

3. Insect bite allergy: Bee ___ Ant ___ Wasp ___ Other _____
   Reaction(s): Extensive swelling ___ Respiratory problems _____
   Any instructions for school staff? _____
   _____

4. Heart disease: Type _____
   No restrictions ___ Restrictions (Describe) _____
   _____

5. Diabetes: ___ Any instructions for school staff? _____
   _____

6. Other chronic or current health problems: _____
   _____

7. Medication(s) other than those mentioned above that your child is currently taking:
   Name of medication: _____
   Dosage: _____ How often: _____
   Condition for which medication is prescribed: _____

8. Limitation to any type of physical activity (other than mentioned above):
   _____

9. If you would like to discuss this information with the school nurse, please write down your daytime telephone number: _____ or call the office at _____ .

_____
Parent/Guardian Signature

You are urged to contact your school nurse if any of the above information changes or if you have any questions or concerns at any time. Please return this form to school by_____. Thank you.

The School Nurse

HEALTH RECORDS

Actualización de la Condición de Salud del Estudiante

Nombre del Estudiante: _____ Fecha: _____

Escuela: _____ Maestro/a: _____ Grado: _____

Necesitamos la siguiente información para poder poner al día el expediente médico de su niño/a. La información no será divulgada a nadie. Esta información es importante, ya que nos ayuda a ofrecerle a su niño/a las mejores oportunidades educativas. Por favor marque o rellene lo que sea pertinente.

1. Mi niño/a no tiene ningún problema o condición médica. __

2. Mi niño/a tiene: Asma __ Alergias __ (Leve __ Moderada __ Severa __)
   Temporada: Primavera __ Otoño __ Invierno __ Verano __ Todo el año __
   ¿A qué es el niño/a alérgico? _____
   Medicina(s) recetadas: _____
   Dosis: _____ ¿Cuántas veces al día? _____
   ¿Ha entregado este medicamento a la oficina de la enfermera escolar? Sí __ No __
   ¿Hay alguna actividad que su niño/a no pueda hacer? _____

3. Alergia a picadura de insectos: Abeja __ Hormiga __ Avispa __ Otros _____
   Reacción(es): Inflamación __ Problemas respiratorios _____
   ¿Nos puede dar algunas instrucciones especiales al respecto? _____

4. Enfermedad del corazón: Tipo _____
   No tiene que tener ninguna restricción __ Restricciones _____
   ¿Cuáles son?: _____

5. Diabetes: __ ¿Nos puede dar algunas instrucciones especiales? _____

6. Otras enfermedades crónicas o problemas actuales de salud: _____

7. Medicina(s) además de las que indicó anteriormente, que su niño/a está tomando en la actualidad:
   _____
   Nombre de la medicina: _____
   Dosis: _____ ¿Con qué frecuencia la toma?: _____
   Condición médica o enfermedad para la que toma la medicina: _____

8. ¿Tiene el niño/a alguna limitación de actividades físicas que no haya sido ya mencionada?: _____

9. Si usted desea comentar esta información con la efermera escolar, por favor anote aquí su número de teléfono de durante el día: _____ o llame a la escuela al _____.

_____
Firma del Padre o Tutor

Por favor no deje de llamar a la efermera ecolar si alguna parte de la información que nos ha dado cambia, o si tiene alguna pregunta o dudas. Por favor devuelva este impreso a la escuela para el día _____. Muchas gracias.

La Enfermera Escolar

HEALTH HISTORY

Health History

School: _____ Date: _____ Grade: _____

We would like your child to derive the most benefit from his/her school experience. In order for us to assist in accomplishing this, it is necessary to have a developmental health history. Please complete this form and return it to the school nurse's office.

Child's Name: _____ Birth Date: _____
Name of Person Completing This Form: _____

1. Describe the pregnancy with this child: _____
    a. Was the baby full term? _____
    b. Did you receive prenatal care? _____
    c. What drugs or medications were taken? _____
    d. Did you smoke during the pregnancy? _____
    e. Did you drink alcohol? _____
    f. Were there any other health problems? (swelling, high blood pressure, complications) _____
2. Were there any problems during labor and delivery? _____
   Comments: _____
    a. Was the delivery vaginal _____ or Caesarean? _____
    b. How long did the labor last? _____
    c. Did the child breathe right away? _____
    d. Birth weight? _____
    e. How long did the child remain in the hospital after birth? _____
    f. Did the child leave the hospital when the mother left? _____
3. What was the appearance of the baby following the birth?
    a. Was the baby blue? _____
    b. Was there difficulty getting the baby to breathe? _____
    c. Was the baby in an incubator? _____
    d. Were there RH problems? _____
4. What was the baby's development pattern after the first two weeks of life?
    a. Was there colic? _____
    b. Was the baby difficult to feed? _____
    c. Was the baby nervous and fussy? _____
    d. At what age did the baby sit up? _____ crawl? _____ walk? _____
    e. At what age was the baby toilet trained for daytime _____ for nighttime? _____
    f. At what age did the baby speak in sentences? _____
    g. Is he/she right-handed _____ left-handed _____ mixed? _____
5. Have there been any serious illnesses? _____ accidents? _____
   hospitalizations? _____ seizures? _____
6. Any known allergies? _____
7. Is your child taking any medications? _____
8. Are there any relatives who had learning difficulties or problems in school? _____
9. Are there any problems in the home which might affect your child's learning? _____
   Comments: _____
10. Do you have any concerns you would like to express regarding your child? _____

HEALTH HISTORY

Historia de Condición Médica

Escuela: _____ Fecha: _____ Grado: _____

Nosotros queremos que su niño/a se beneficie al máximo de su experiencia escolar. Para poder nosotros ayudar a lograrlo, es necesario tener una historia de condición médica y desarrollo. Por favor complete este formulario y devuélvalo a la oficina de la enfermera de la escuela.

Nombre del Niño/a: _____ Fecha de Nacimiento: _____
Persona que Da la Información: _____

1. Describa el embarazo con este niño/a: _____
    a. ¿Fue el bebé de nueve meses? _____
    b. ¿Recibió Ud. cuidado pre-natal? _____
    c. ¿Qué drogas o medicinas tomó? _____
    d. ¿Fumó durante su embarazo? _____
    e. ¿Tomó bebidas alcohólicas? _____
    f. ¿Hubieron otros problemas con su salud? (hinchazón, presión sanguínea alta, complicaciones)

2. ¿Hubieron problemas durante el parto? _____
   Comentarios: _____
    a. ¿Fue el parto vaginal _____ o por césarea? _____
    b. ¿Cuánto tiempo duró el parto? _____
    c. ¿Respiró de inmediato el bebé? _____
    d. ¿Cuánto pesó al nacer? _____
    e. ¿Cuánto tiempo se quedó el bebé en el hospital después de nacer? _____
    f. ¿Salió el bebé del hospital al mismo tiempo que la mamá? _____

3. ¿Qué apariencia tenía el bebé después de nacer?
    a. ¿Estaba de color azul? _____
    b. ¿Hubo dificultad para que respirara el bebé? _____
    c. ¿Estuvo el bebé en la incubadora? _____
    d. ¿Hubieron problemas del RH? _____

4. ¿Cuál fue el patrón del desarrollo del bebé después de las dos primeras semanas de vida?
    a. ¿Tuvo cólicos? _____
    b. ¿Era difícil alimentar al bebé? _____
    c. ¿Estaba el bebé nervioso o fastidioso? _____
    d. ¿A qué edad se sentó _____? gateó _____? caminó _____?
    e. ¿A qué edad estaba entrenado el bebé a usar el retrete durante el día _____?
       durante la noche? _____?
    f. ¿A qué edad habló el niño/a en oraciones? _____
    g. Usa la mano derecha _____ es zurdo _____ ambas manos _____

5. ¿Han habido enfermedades serias? _____ accidentes? _____
   hospitalizaciones? _____ ataques? _____

6. ¿Tiene alergias? _____
7. ¿Está su niño/a tomando alguna medicina? _____
8. ¿Hay algún pariente que haya tenido dificultades de aprendizaje o problemas en la escuela? _____
9. ¿Hay algún problema en casa que pueda afectar el aprendizaje de su niño/a? _____
   Comentarios:
10. ¿Tiene Ud. algún comentario o preocupación que quiera mencionar sobre su niño/a? _____

REPORT OF HEALTH CHECK-UP FOR SCHOOL ENTRY

Report of Health Check-up for School Entry

To protect the health of all children, state law requires a health check-up for school entry.

To be completed by parent or guardian

Child's Name _____ Last _____ First _____ Middle Birth Date: ___/___/___ Month Day Year

Address _____ Street _____ City _____ Zip _____ School _____

I request _____ fill out this report and give a professional interpretation of my
(Doctor/Clinic)
child's health screening results.

_____ _____
Signature of Parent or Guardian   Date

Please have this report filled out by the person who does the check-up. RETURN THE REPORT TO THE SCHOOL.

****

TO BE COMPLETED BY HEALTH EXAMINER
PART I--REPORT OF HEALTH CHECK-UP

TESTS AND EVALUATIONS   Check If Done   IMMUNIZATION HISTORY

		VACCINE	DATE OF DOSE GIVEN				
			1st	2nd	3rd	4th	5th
Health & Development History	_____						
Physical Examination	_____						
Nutritional Evaluation	_____	Polio					
Vision Screening	_____	DPT/DT					
Audiometric Screening	_____	Measles					
Blood Test for Anemia	_____	Mumps					
Urine Dipstick	_____	Rubella					
Tuberculin Test	_____	HIB					
Dental Assessment	_____	Other					

PART II--OTHER HEALTH INFORMATION (OPTIONAL)

For the welfare of the child, it is recommended that with the parent's permission, significant health information be shared with the school. If the child needs help with medication at school, please contact the school nurse.

_____ Parent requests Part II not be filled out.
_____ The check-up revealed no conditions of importance to schooling or physical activity.
_____ Conditions found in the check-up or after further evaluation which are of importance to this child's schooling or physical activity are: (please explain)

_____
_____

THE SCHOOL WILL KEEP THIS FORM AND MAINTAIN IT AS CONFIDENTIAL INFORMATION.

HEALTH EXAMINER INFORMATION

NAME: _____   PHONE: _____
ADDRESS: _____
             Street   City   Zip

_____   _____
SIGNATURE OF HEALTH EXAMINER   DATE OF CHECK-UP

****

Waiver of Health Check-up for School Entry

I have been informed of the health check-up recommended by health professionals and required by state law. I have also been informed about where my child can receive a check-up and about the income levels for receiving a check-up at no cost to parents. I wish my child to be excused from the check-up because: (check one)

_____ I do not want my child to receive the check-up.
_____ I do want my child to receive the check-up, but I am unable to get it.
      Reason: _____

_____   _____
Date   Signature of Parent or Guardian

Note: Waiving this examination does not excuse your child from receiving immunizations required by state law.

REPORT OF HEALTH CHECK-UP FOR SCHOOL ENTRY

Informe del Examen Médico Para Ingresar a la Escuela

Para proteger la salud de todos los niños, la ley del estado requiere un examen médico para ingresar a la escuela.

Debe completarlo el padre, la madre o tutor

Fecha de Nacimiento: ____/____/____
Mes   Día   Año

Nombre del Niño/a   Apellido   Nombre de Pila   Segundo Nombre

Domicilio   Calle   Ciudad   Zona Postal   Escuela

Yo solicito que el _____ complete este informe y dé su interpretación profesional
(Médico o Clínica)
de los resultados del examen médico del niño/a.

Firma del Padre o Tutor   Fecha

Rogamos que este informe sea completado por la persona que examine al niño. <u>DEVUELVA EL INFORME A LA ESCUELA.</u>

****

Será rellenado por la persona que examine al niño
TO BE COMPLETED BY HEALTH EXAMINER
PART I--REPORT OF HEALTH CHECK-UP

TESTS AND EVALUATIONS   Check If Done   IMMUNIZATION HISTORY

		VACCINE	DATE OF DOSE GIVEN				
			1st	2nd	3rd	4th	5th
Health & Development History	____						
Physical Examination	____						
Nutritional Evaluation	____	Polio					
Vision Screening	____	DPT/DT					
Audiometric Screening	____	Measles					
Blood Test for Anemia	____	Mumps					
Urine Dipstick	____	Rubella					
Tuberculin Test	____	HIB					
Dental Assessment	____	Other					

PART II--OTHER HEALTH INFORMATION (OPTIONAL)

For the welfare of the child, it is recommended that with the parent's permission, significant health information be shared with the school. If the child needs help with medication at school, please contact the school nurse.

_____ Parent requests Part II not be filled out.
_____ The check-up revealed no conditions of importance to schooling or physical activity.
_____ Conditions found in the check-up or after further evaluation which are of importance to this child's schooling or physical activity are: (please explain)

_____
_____

THE SCHOOL WILL KEEP THIS FORM AND MAINTAIN IT AS CONFIDENTIAL INFORMATION.

HEALTH EXAMINER INFORMATION

NAME: _____ PHONE: _____
ADDRESS: _____
       Street   City   Zip

_____   _____
SIGNATURE OF HEALTH EXAMINER   DATE OF CHECK-UP

****

Exclusión de Tomar el Examen Médico para Ingresar a la Escuela

He sido informado sobre el examen médico recomendado por profesionales de la salud y requerido por la ley del estado. También he sido informado sobre dónde mi niño/a puede recibir el examen y sobre los niveles de ingresos económicos que permiten recibir el examen sin costo para los padres. Yo deseo que mi niño/a sea disculpado del examen porque: (marque uno)

_____ No deseo que mi niño/a reciba el examen.
_____ Deseo que mi niño/a reciba el examen, pero no lo he podido obtener.
       Motivo: _____

_____   _____
Fecha   Firma del Padre, Madre o Tutor

Nota: La exclusión de tomar el examen médico <u>no</u> disculpa a su niño/a de recibir las inmunizaciones que requiere la ley del estado.

K-1 PHYSICAL EXAM

Date: _____

Dear Parents or Guardians:

To protect the health of all children, state law requires us to show proof that all children have had a physical examination before entering kindergarten or first grade. We have no record of this examination for your child.

It is necessary for you to arrange for your child to have this physical examination. It may be performed by your doctor or you can choose to call the Department of Public Health or the local community clinic for an appointment.

If your child has already had a physical examination, and it was performed no earlier than six months before kindergarten entry, please take the attached form to your doctor or the clinic to be filled out. It is important that this form be returned to school by _____.

If you have any questions, or there is a problem in meeting this deadline, please call me at your child's school. We appreciate your cooperation in keeping your child healthy and helping us keep our records up to date.

Thank you,

The School Nurse

___ My child has had a physical examination within the past year. I will have my doctor or clinic complete the "Report of Health Check-up" form.

___ My child needs to have a physical examination. I have made an appointment with:
   ___ The Department of Public Health or clinic   ___ Private Physician

_____   _____
Physician's Name   Appointment Date

_____   _____   _____
Child's Name   School   Teacher

                                          _____
                                          Parent/Guardian Signature

Please return this form to school by _____, **advising us of your plans.**

Attachment

Fecha: _____

Estimados Padres o Tutores:

Para proteger la salud de todos los niños, la ley estatal nos obliga a tener prueba de que todos los niños hayan tenido un examen médico antes de entrar en el kínder o el primer grado. No tenemos en nuestro archivo ningún documento que acredite que su niño(a) haya cumplido este requisito.

Es imprescindible que usted haga lo necesario para que su niño(a) tenga el requerido examen médico. Lo puede hacer su médico, o pueden llamar al Departamento de Salubridad Pública o a la más cercana clínica de la comunidad para hacer una cita.

Si su niño(a) ya ha tenido un examen médico que fue hecho no antes de los seis meses que preceden a la entrada del niño(a) en el kínder, lleven, por favor, el impreso que acompaña esta carta a su médico o clínica, para que sea rellenada toda la información necesaria. Es importante que devuelvan el ya completado cuestionario para el día _____.

Si hay preguntas, o tienen dificultades y no pueden devolver el impreso dentro del plazo indicado, por favor llámenme a la escuela de su niño(a). Les agradecemos su cooperación, que nos ayuda a tener nuestros archivos al día y, al mismo tiempo, mantiene a su niño(a) en buen estado de salud.

                      Gracias,

                      La Enfermera Escolar

___ Mi niño(a) ha tenido un examen médico no hace más de un año. Haré que mi médico o clínica complete el impreso "Reporte de Examen Médico."

___ Mi niño(a) necesita tener un examen médico. Ya tenemos cita con:

    ___ El Departamento de Salubridad Pública
    ___ Médico Privado

_____   _____
Nombre del Médico   Fecha de la Cita

_____   _____   _____
Nombre del Niño(a)   Escuela   Maestra(o)

                      _____
                      Firma del Padre/Tutor

Por favor devuelva este impreso a la escuela para el día _____, **indicándonos qué piensan hacer.**

Adjunto

Notice of Failure to Comply - Physical Examination

Student's Name: _____ Date: _____

School: _____ Grade: _____

Dear Parents or Guardians:

We have not received evidence that your child has had the required physical examination.

Please provide the necessary documentation by _____.

(Two Weeks from Today)

Failure to comply with this request will result in your child's exclusion from kindergarten attendance.

We regret the necessity of taking such action. However, the _____ School District requires a physical examination within six months prior to entering kindergarten.

If you have questions please contact the school nurse at _____.

Thank you,

_____
The School Nurse

NOTICE OF FAILURE TO COMPLY - KINDERGARTEN PHYSICAL EXAMINATION

Notificación de No Cumplimiento - Examen Físico

Nombre del Estudiante: _____ Fecha: _____

Escuela: _____ Grado: _____

Estimados Padres o Tutores:

Aún no hemos recibido evidencia de que su hijo/a haya tenido el examen físico requerido.

Por favor presente la documentación necesaria para esta fecha: _____.
(De Hoy en Dos Semanas)

Si no se cumple este requisito, a su hijo/a no le será permitido asistir al kínder.

Lamentamos la necesidad de tomar esta medida. Sin embargo, el Distrito Escolar de _____ requiere un examen físico dentro de los seis meses antes del ingreso al Kínder.

Si Uds. tienen preguntas, por favor comuníquense con la enfermera de la escuela al _____.

Gracias,

_____
La Enfermera Escolar

HEALTH REPORT/REFERRAL

Health Report/Referral

Name: _____ Date: _____

Grade: _____ School: _____

Condition: _____
_____
_____

First Aid given: _____
_____
_____

Recommendations: _____
_____
_____
_____

_____
School Nurse

Please return ace bandage, splint, triangular bandage, or other returnable materials to school.

If you seek medical attention for this condition, please ask your physician to complete this section and return it to the Health Office.

Physician's Findings:

Diagnosis: _____
_____

Treatment: _____
_____

Recommendatioins: (Specific P.E. limitations and time limit, seating arrangements, etc.) _____
_____
_____

_____   _____
Physician   Date

HEALTH REPORT/REFERRAL

Reporte de Salud/Referimiento

Nombre: _____ Fecha: _____

Grado: _____ Escuela: _____

Condición: _____
_____

Primeros Auxilios dispensados: _____
_____
_____

Recomendaciones: _____
_____
_____
_____

_____ Por favor devuelva vendajes, tablilla,
Enfermera de la Escuela vendaje triangular o cualquier
material que pertenezca a la escuela.

**Si Ud. desea tratamiento médico para esta condición, favor de pedirle
a su médico que rellene esta sección. Luego, devuélvala a la Oficina de Salubridad.**

Physician's Findings:

Diagnosis: _____
_____
_____

Treatment: _____
_____

Recommendations: (Specific P.E. limitations and time limit, seating arrangements, etc.) _____
_____
_____
_____

_____ _____
Physician Date

Health Referral Follow-up

School: _____   Phone: _____

Dear Parents or Guardians of _____:

I recently sent you a referral regarding the medical condition of your child. To date, I have not received a notice of treatment or examination.

Please check the following statements as they pertain to your situation and return this slip to school as soon as possible.

____ The student has an appointment with _____
                                                (Doctor or Clinic)
on _____.
      (Date)

____ The student does not have an appointment as yet.

____ I do not intend to have my child examined.

____ Financial assistance is necessary; please call me at _____.
                                                              (Phone Number)

Sincerely,

_____
The School Nurse

Información Posterior al Referimiento de Salud

Escuela: _____   Teléfono: _____

Estimados Padres o Tutores de _____:

Recientemente les envié un referimiento respecto a la condición médica de su hijo/a. Hasta la fecha, no he recibido ninguna información sobre el tratamiento o examen.

Por favor marquen lo que corresponda a su situación y devuelva esta página a la escuela lo antes posible.

____ El alumno tiene una cita con _____
                                                                (Doctor o Clínica)

     el _____.
            (Fecha)

____ El alumno aún no tiene una cita.

____ No pensamos hacer examinar a nuestro hijo/a.

____ Necesitamos ayuda económica; favor de llamar al _____.
                                                                                             (Teléfono)

Atentamente,

_____
La Enfermera Escolar

REQUEST FOR MEDICAL INFORMATION

Request for Medical Information

Date: _____

Dear Parents or Guardians of _____:
(Name of Student)

On the medical information card you completed, you wrote that _____
(Name of Student)
has _____. I need more information from you regarding this so I
(Condition)
can advise his/her teacher if the medical condition affects his/her classroom behavior and/or safety while at school.

Please contact me at _____ School between the hours of ____ a.m. - ____ p.m. It is very important that I talk with you. Thank you for your cooperation.

Sincerely yours,

_____
The School Nurse

REQUEST FOR MEDICAL INFORMATION

Petición de Información Médica

Fecha: _____

Estimados Padres o Tutores de _____:
(Nombre del Alumno)

En la tarjeta de información médica que ustedes completaron, escribieron que _____ tiene _____. Necesito tener más
(Nombre del Hijo/a)   (Condición)
información sobre esto para informar al maestro (a la maestra) de su hijo/a si esta condición puede afectar el comportamiento y/o la seguridad del estudiante durante su tiempo en la escuela.

Favor de llamar a la Escuela _____ entre las horas de _____ a.m. - _____ p.m. Es muy importante que hable con ustedes. Muchas gracias por su cooperación.

Atentamente,

_____
La Enfermera Escolar

INCOMPLETE IMMUNIZATIONS

Notice of Incomplete Immunizations

Student's Name: _____ Date: _____

School: _____ Teacher: _____ Grade: _____

Dear Parents or Guardians:

State law requires certain immunizations for all children enrolled in school. According to our records, your child currently has not had these immunizations.

1. You may present written evidence from your doctor or clinic that the necessary immunizations have been received by the dates given below; or

2. You may sign a form indicating that immunizing your child is against your personal beliefs; or

3. If your child has a medical problem which prevents immunizations, you may provide a doctor's written statement to the school.

Our school records indicate additional doses of vaccines are needed because:

___ Last polio was given before the child's second birthday.

___ Last DPT (diphtheria/pertussis/tetanus) was given before the child's second birthday.

___ Measles vaccine was given before the child's first birthday.

___ Rubella vaccine was given before the child's first birthday.

___ Mumps vaccine was given before the child's first birthday.

___ Number of immunizations given are not sufficient.

___ The school has no information about any immunizations nor does it have signed waivers.

Please take this notice and your child's immunization records to your doctor or clinic.

	Number of	1st dose <u>MUST</u>	Date dose received: ___
Poliomyelitis ___	doses needed: ___	be received by: ___	Doctor's initials: ___
Diphtheria Pertussis Tetanus ___	Number of doses needed: ___	1st dose <u>MUST</u> be received by: ___	Date dose received: ___ Doctor's initials: ___
Measles (Rubeola) ___	Only one dose needed after age 1	<u>MUST</u> be received by: ___	Date dose received: ___ Doctor's initials: ___
Rubella ___	Only one dose needed after age 1	<u>MUST</u> be received by: ___	Date dose received: ___ Doctor's initials: ___
Mumps ___	Only one dose needed after age 1	<u>MUST</u> be received by: ___	Date dose received: ___ Doctor's initials: ___

Bring immunization record to school by: _____

Immunizations may be obtained through your family doctor or the local health clinic. If you have any questions, please call your school nurse at _____.

INCOMPLETE IMMUNIZATIONS

<u>**Aviso Sobre Inmunizaciones Incompletas**</u>

Nombre del Alumno(a): _____ Fecha: _____

Escuela: _____ Maestro(a): _____ Grado: _____

Estimados Padres o Tutor:

La ley estatal requiere que todos los niños matriculados en escuelas públicas sean inmunizados. Según nuestros archivos, su hijo(a) no ha cumplido con estos requisitos.

1. Podrán presentar evidencia escrita de su doctor o clínica de que las necesarias inmunizaciones han sido recibidas para las fechas dadas abajo; o

2. Pueden firmar un impreso indicando que inmunizar a su hijo(a) es en contra a sus convicciones personales; o

3. Si su hijo(a) tiene un problema médico y no se puede inmunizar, traigan una declaración escrita de su médico.

Los archivos de la escuela indican que dosis adicionales de las siguientes vacunas son necesarias porque:

___ La última vacuna del polio fue dada antes de los dos años de edad del niño(a).

___ La última vacuna contra DPT (difteria, pertusis, tétano) fue dada antes de los dos años de edad del niño(a).

___ La vacuna del sarampión fue aplicada antes del primer año de edad del niño(a).

___ La vacuna de la rubella fue aplicada antes del primer año de edad del niño(a).

___ La vacuna contra las paperas fue aplicada antes del primer año de edad del niño(a).

___ Insuficiente número de inmunizaciones.

___ La escuela no tiene ninguna información sobre las inmunizaciones, ni tampoco ha recibido ningún documento de excepción firmado.

Lleven esta nota y los datos de las inmunizaciones de su hijo(a) a su médico o clínica.

Polio ___	Número de dosis necesarias: ___	Primera dosis debe ser recibida para el: ___	Fecha dosis recibida: ___ Iniciales del doctor: ___
Difteria Pertusis Tétano ___	Número de dosis necesarias: ___	Primera dosis debe ser recibida para el: ___	Fecha dosis recibida: ___ Iniciales del doctor: ___
Sarampión (Rubéola) ___	Solamente 1 dosis después del primer año de edad.	Debe ser recibida para el: ___	Fecha dosis recibida: ___ Iniciales del doctor: ___
Rubella ___	Solamente 1 dosis después del primer año de edad.	Debe ser recibida para el: ___	Fecha dosis recibida: ___ Iniciales del doctor: ___
Paperas ___	Solamente 1 dosis después del primer año de edad.	Debe ser recibida para el: ___	Fecha dosis recibida: ___ Iniciales del doctor: ___

Traigan el Registro de Inmunizaciones a la Escuela para: _____

Las inmunizaciones pueden obtenerse en su médico o en la clínica local.
Si tienen alguna pregunta, pónganse en contacto con
la enfermera de su escuela, llamando al número: _____ .

EXCLUSION/LACK OF IMMUNIZATIONS

Notice of Exclusion from School Attendance

Student's Name: _____ Date: _____

School: _____ Teacher: _____ Grade: _____

Dear Parents or Guardians:

State law requires that every child entering school be vaccinated against polio, diphtheria, tetanus, measles, rubella and mumps. <u>Your child has not fulfilled these requirements as previously notified.</u>

Regretfully, effective _____, we must exclude your child from further attendance at our school. We are sorry that we must take such action. However, we are bound by state law to ensure that these immunizations are completed before allowing a child to continue attending school. This law protects all children against diseases which can cause serious problems.

Your child may return to school when you present evidence that the necessary immunizations have been started. If you have records proving your child has received the required immunizations, please bring these to the school immediately.

Our school records indicate additional doses of vaccines are needed because:
- ___ Last polio was given before the child's second birthday.
- ___ Last DPT (diphtheria/pertussis/tetanus) was given before the child's second birthday.
- ___ Measles vaccine was given before the child's first birthday.
- ___ Rubella vaccine was given before the child's first birthday.
- ___ Mumps vaccine was given before the child's first birthday.
- ___ Number of immunizations given are not sufficient.
- ___ The school has no information about any immunizations nor does it have signed waivers.

Immunizations may be obtained through your family doctor or at your local health clinic. If you have any questions, or if we may help you, please visit or call your school nurse at _____.

_____
Principal

Aviso de Exclusión de Asistencia Escolar

Nombre del Alumno(a): _____ Fecha: _____

Escuela: _____ Maestro(a): _____ Grado: _____

Estimados Padres o Tutores:

La ley del Estado requiere que cada niño que ingresa en una escuela sea inmunizado contra el polio, la difteria, el tétano, el sarampión, la rubella y las paperas. <u>Su niño(a) no ha cumplido con los requisitos como les fue informado de antemano.</u>

Sintiéndolo mucho, efectivo el día _____, su niño(a) será temporalmente excluido de la escuela. Lamentamos la necesidad de tener que tomar esta decisión, sin embargo la ley estatal requiere que estas inmunizaciones sean completadas para que su hijo(a) pueda seguir asistiendo a la escuela. Esta ley protege a todos los niños contra enfermedades que pueden causar serios problemas.

Su hijo(a) podrá ser volver a la escuela cuando ustedes presenten evidencia de que las inmunizaciones necesarias han sido iniciadas. Si tienen los documentos para comprobar que su hijo(a) ha recibido las inmunizaciones necesarias, por favor preséntenlos a la escuela inmediatamente.

Los archivos de la escuela indican que dosis adicionales de las siguientes vacunas son necesarias porque:

___ La última vacuna del polio fue dada antes de los dos años de edad de su niño(a).

___ La última vacuna contra DPT (difteria/pertusis/tétano) fue dada antes de los dos años de edad de su niño(a).

___ La vacuna del sarampión fue aplicada antes del primer año de edad de su niño(a).

___ La vacuna de la rubella fue aplicada antes del primer año de edad de su niño(a).

___ La vacuna contra las paperas fue aplicada antes del primer año de edad de su niño(a).

___ Insuficiente número de inmunizaciones.

___ No tenemos ninguna información sobre las inmunizaciones ni tampoco hemos recibido la exención firmada.

Las inmunizaciones pueden obtenerse en su médico o en la clínica local. Si tienen alguna pregunta, pónganse en contacto con la enfermera de su escuela llamando al número _____.

_____
Director(a)

NON-PRESCRIPTION MEDICINE RELEASE

Valid for School Year 19___/19___ **only**

_____ School District

Parent Release for Non-prescription Medication
or Interim Parent Release for Prescription Medication*

I, the undersigned parent/guardian of (pupil's name) _____, request that medication for my child be kept under the locked control of the principal, members of the office staff, and/or the school nurse, and that it be made available to my child upon his/her request as I have indicated below. I accept full responsibility for such medication and for the administration of the medication to the child.

Please note:
    The school can, in no way, accept any responsibility for the administration of any medication to (pupil's name) _____, nor for any condition resulting from the child's failure to procure such medication.

This release is valid only for the current school year. A maximum of one week's supply should be sent at one time. **Any medication left at the school at the end of this school year will be destroyed.**

_____
Condition being treated

_____   _____
Medication   Dosage

                                                             Oral - Inhalation - Topical
_____   _____
Time(s) medication is to be given   Method of administration (circle one)

_____   _____
Parent/Guardian's Signature   Date of Signature

_____   _____
Street Address   Home Phone Number

_____   _____
City   Zip   Work Phone Number

*This form may be used for the release of prescription medication only as an emergency procedure in the event the medication should begin before the Prescription Medication Release can be secured. This form does not replace the Prescription Medication Release which must be completed and submitted to the school office within one week.

NON-PRESCRIPTION MEDICINE RELEASE

<u>Solamente</u> Válido para el Año Escolar 19___/19___

Distrito Escolar de _____

**Autorización de los Padres para Administrar Medicina que no Necesita Receta
o Permiso Interino de los Padres para Administrar Medicina que Necesita Receta***

Yo, el padre/tutor infrascrito de (nombre del alumno) _____, pido que medicina para mi niño/a esté bajo llave y en control del director de la escuela, empleados de la oficina, y/o enfermera, y que esté a la disposición del niño(a) de la manera que indico a continuación. Yo acepto responsabilidad total por esa medicina y por la administración de la medicina al niño/a.

Nota:
La escuela de ninguna manera puede asumir responsabilidad por la administración de la medicina a (nombre del alumno) _____, ni por ninguna condición que resulte por la falta del niño(a) de procurar la medicina.

Este permiso es válido solamente para el presente año escolar. Una dosis de una semana, como máximo, debe sernos enviada a la escuela cada vez. **La medicina que quede en la escuela al fin del año escolar será destruida.**

_____
Condición médica del niño/a que se está tratando

_____   _____
Medicina   Dosis

                                        Oral - Inhalación - Tópico
_____   _____
Hora(s) de administrar la medicina   Método de administración (marque la forma apropiada con
                                        un círculo)

_____   _____
Firma del Padre/Tutor   Fecha de la Firma

_____   _____
Domicilio   Número de Teléfono en Casa

_____   _____
Ciudad   Código   Número de Teléfono en el Trabajo

*Este impreso puede ser usado como permiso, en cuanto a medicina de receta médica concierne, solamente como emergencia en casos en que la administración de la medicina empiece antes de que se obtenga el impreso de Permiso para Medicina de Receta Médica. Este impreso no reemplaza el impreso de Permiso para Medicina de Receta Médica que debe ser completado y entregado a la oficina escolar dentro de una semana.

Communicable Disease Information

To Parents or Guardians: Date: _____

The disease(s) checked below are now occurring in your child's school, and your child may have been exposed. You may want to call your doctor if any of the symptoms listed below appear. Everyone is better protected when an ill child is kept at home while contagious. It is especially important for your child's health that home care continue until his/her temperature is normal for 24 hours and symptoms have disappeared. Other children who have come in contact with the ill child may attend school as long as they are not ill.

___ **Chicken Pox:** Small water blisters on the scalp, neck and covered parts of the body are usually the first sign. The blisters break easily. A child may become cross, tire easily and have a fever during the first few days of the illness. A sick youngster should be kept at home for seven days from the appearance of the first crop of blisters. The incubation period* is 14 to 21 days.

___ **German Measles:** Common symptoms of this disease are a light rash and a swelling of the glands behind the ears and at the back of the neck. A sick student should be kept at home for at least four days after the rash first appears. The incubation period* is 14 to 21 days.

___ **Measles (Rubella):** A runny nose, sneezing, coughing, watery eyes and fever are the first symptoms. A blotchy rash appears about the fourth day. An ill child should be kept home for at least seven days after the rash appears. Ask your doctor about getting gamma globulin shots to protect others in the house who have not had the measles or been vaccinated against it. The disease can cause serious complications. The incubation period* is eight to thirteen days.

___ **Mumps:** Symptoms are a swelling and tenderness in front of and below the ear or under the jaw. It may be painful to move the jaw. An ill youngster should be kept at home for nine days from the start of swelling or less if swelling has subsided. The incubation period* is 12 to 26 days.

___ **Streptococcal Infection or Scarlet Fever:** This disease begins suddenly with vomiting, fever, sore throat and headache. A bright rash usually appears within 24 hours. The rash may not appear, but the disease is just as serious. If your child has these symptoms, call your doctor. If the child is receiving treatment with an effective antibiotic, isolation may be discontinued 24 hours after treatment is begun. If not receiving antibiotic, the child should be isolated for at least seven days from beginning of disease and until all signs completely disappear. The incubation period* is one to three days.

___ **Whooping Cough (Pertussis):** The main symptom is a persistent cough that comes in spells and ends in a whooping sound. However, many cases may have the persistent cough without the whooping sound. The coughing may cause vomiting. <u>The disease is especially serious for infants</u>. Without appropriate antibiotic treatment, your child can infect others from seven days after exposure to three weeks after start of typical cough. Communicability lasts for five to seven days after effective antibiotic treatment is started. The incubation period* is seven to ten days but could be as long as 21 days.

Please remember, whooping cough, diphtheria, tetanus, polio, German measles, measles and mumps can be prevented by immunization.

*Incubation period means the time it takes for the disease to develop after the child has been exposed.

COMMUNICABLE DISEASE INFORMATION

Información Sobre Enfermedades Contagiosas

A Los Padres o Tutores: Fecha: _____

Las enfermedades marcadas abajo están manifestándose en la escuela y su niño ha estado expuesto. Sería buena idea llamar al médico si alguno de los síntomas que se mencionan a continuación aparece en su niño(a). Para la protección del niño enfermo y de sus compañeros, es mejor que permanezca en su casa durante el tiempo en que la enfermedad es contagiosa. Es muy importante para la salud de su niño(a) que se continúe el cuidado en casa hasta que su temperatura permanezca a nivel normal por más de 24 horas y los síntomas hayan desaparecido. Otros niños que han estado en contacto con el niño enfermo pueden ir a la escuela mientras ellos no estén enfermos.

____ **Viruelas Locas:** Pequeñas ampollas de agua en la cabeza, cuello y partes cubiertas del cuerpo son generalmente las primeras señales de la enfermedad. Las ampollas se rompen fácilmente. El niño se pone de mal humor, se cansa pronto y tiene fiebre durante los primeros días de la enfermedad. El niño enfermo deberá permanecer en casa siete días después de que aparezcan las primeras ampollas. El período de incubación* de las viruelas locas es de 14 a 21 días.

____ **Rubéola o Sarampión Alemán:** Los síntomas comunes de esta enfermedad son un sarpullido o irritación de la piel así como una hinchazón de las glándulas detrás de los oídos y la parte posterior del cuello. El estudiante enfermo deberá permanecer en casa un mínimo de cuatro días después del primer síntoma de la enfermedad. El período de incubación* es de 14 a 21 días.

____ **Rubella o Sarampión:** (Sarampión de 10 días) - Nariz mucosa, estornudos, tos, ojos acuosos y fiebre son los síntomas iniciales. Ronchas de sarpullido aparecen cerca del cuarto día. El niño enfermo deberá permanecer en casa un mínimo de siete días después de la aparición del sarpullido. Consulte a su médico acerca de la posibilidad de recibir inyecciones de "gamma globulina" para proteger a los demás miembros de la familia que no han sido vacunados o que nunca han contraído la enfermedad. Esta enfermedad puede causar serias complicaciones. El período de incubación* es de ocho a trece días.

____ **Paperas:** Los síntomas son hinchazón y sensibilidad enfrente y detrás del oído o bajo la quijada. Puede ser doloroso mover la quijada. El niño enfermo deberá permanecer en casa un mínimo de nueve días desde la fecha en que aparecieron los primeros síntomas, o menos, si la inflamación ha bajado. El período de incubación* es de 12 a 26 días.

____ **Infección Estreptococal o Fiebre Escarlatina:** Esta enfermedad comienza inesperadamente con vómito, fiebre, dolor de garganta y dolor de cabeza. Generalmente aparece un brillante sarpullido en 24 horas. Aunque no tenga el sarpullido la enfermedad es igual de seria. Si su niño tiene estos síntomas consulte a su médico. Si al niño enfermo se le está dando un efectivo antibiótico se puede descontinuar el tener que mantenerlo aislado después de 24 horas de haber empezado el tratamiento. Si no está recibiendo antibióticos, se le deberá mantener aislado por un mínimo de siete días desde la fecha en que empezó la enfermedad hasta que las señales y los síntomas desaparezcan completamente. El período de incubación* es de uno a tres días.

____ **Tos Ferina (Pertusis):** El síntoma más importante es una tos convulsiva. En muchos casos se puede tener solamente una tos persistente sin ser convulsiva. La tos puede causar vómito. <u>La enfermedad es muy seria en los bebés</u>. Si no ha recibido tratamiento con antibióticos, el período contagioso se extiende de siete días después del contagio hasta tres semanas después de declararse la enfermedad. El período de contagio es de cinco a siete días de la fecha en que empezó el tratamiento con antibióticos. El período de incubación es de siete a diez días, pero puede ser de hasta 21 días.

¡Recuerde! Tos ferina, difteria, tétano, polio, rubéola, rubella (o sarampión) y paperas se pueden prevenir con vacunas.

*El período de incubación se refiere al tiempo que tarda la enfermedad en aparecer después del contacto infeccioso.

Communicable Skin Disease Information

To Parents or Guardians:

The skin disorder(s) checked below are now occurring in your child's classroom and your child may have been exposed. You may want to consult your physician if any of the symptoms listed below appear. Everyone is better protected when a child with a communicable disease is kept at home until medically treated.

____ **Impetigo**: Lesions appear as small clusters of pimples and develop into honey-colored crusts with little inflammation but much itching. The lesions frequently occur around the nostrils and mouth. Scratching the lesions causes them to spread to other parts of the body. Prompt treatment is important. Potential complications include rheumatic fever and nephritis. A child may return to school after medical treatment has been started. Incubation period is four to ten days.

____ **Scabies**: Lesions occur between the fingers, in areas of wrists, elbows, belt line, and other protected areas and cause intense itching at night. Scabies are caused by a parasitic mite, the female of which burrows through the skin leaving tiny linear burrows and lays eggs in the burrows. Transfer of parasites is by direct contact and by undergarments or bedclothes freshly contaminated by infected persons. Family members should also be treated. Bedclothes and underwear should be washed in hot water to kill the mite and prevent the spread of the disease. Exclude from school until medically treated. Incubation period is from several days to weeks before the itching is noticed.

____ **Pediculosis (Head lice)**: Tiny, flat-appearing insects that live in the hair. They grow in little round silver egg cases (nits) attached to the base of the hairs. The lice cause intense itching of the scalp. A rash may be present in the scalp, or there may be swollen lymph nodes around the neck, or under the arms in severe cases. It should be treated quickly since it spreads rapidly. All family members should be checked if a case is detected in a family, and treated medically if infected. Infected students should be excluded from school until adequately treated by shampoo prescribed for head lice. Nits should be removed. Incubation period: the eggs of lice hatch in a week, and sexual maturity is reached in two weeks.

____ **Conjunctivitis, Acute Bacterial (sore eyes, pinkeye)**: Watery, inflamed eyes, swollen eyelids, blurry vision, mucous and pus discharge from the eyes. Spread by contact with discharge from eyes or upper respiratory tract of infected persons, through contaminated fingers, clothing or other articles. The infection is communicable during the course of active infection. Children should be excluded from school during the acute stage until medically treated. Incubation period from 24 to 72 hours.

Información de Enfermedades Contagiosas de la Piel

A Los Padres o Tutores:

Los desórdenes de la piel mencionados abajo están ocurriendo en la clase de su niño y él (ella) puede haber estado expuesto a uno o a todos ellos. Ustedes deben consultar a su médico si aparecen algunos de los síntomas mencionados más abajo. Existe más protección para todos cuando un niño, que tiene una enfermedad contagiosa, se queda en su casa hasta que sea tratado con medicamentos.

____ Impétigo: Las lesiones aparecen como un grupo de granos que se desarrollan en una costra no muy inflamada, pero de intensa comezón. Las lesiones frecuentemente se localizan alrededor de la nariz y de la boca. El rascarse transmite las lesiones a otras partes del cuerpo. El inmediato tratamiento es muy importante. Esta enfermedad puede causar complicaciones como fiebre reumática y nefritis. El alumno puede regresar a la escuela después de que el tratamiento médico haya comenzado. El período de incubación es de cuatro a diez días.

____ Sarna: Lesiones se forman entre los dedos, en las muñecas, codos, cintura y otras áreas y causa intenso picor por la noche. La sarna es producida por un organismo (Acaro de la Sarna) parasítico, que perfora la piel y deja una hilera de perforaciones con huevos. La transferencia de los parásitos se hace a través de contacto directo y de la ropa interior o de cama contaminadas recientemente por personas infestadas. Los miembros de la familia deben también ser tratados. La ropa interior y la de cama debe ser lavada en agua caliente para matar los insectos y prevenir la propagación de la enfermedad. El período de incubación es desde varios días a semanas antes de que la comezón sea notada.

____ Pediculosis (Piojos): Insectos pequeños y planos que viven en el cabello. Crecen en unos pequeños huevos plateados (liendres) que se fijan a la base del pelo. Los piojos causan una intensa comezón en la cabeza. Una erupción puede aparecer en el cuero cabelludo o, en casos severos, puede haber inflamación de glándulas linfáticas del cuello o debajo de los brazos. Tienen que ser tratados pronto porque se propagan rápidamente. Todos los miembros de la familia deben ser revisados y tratados con medicamentos si están infestados. Los alumnos infestados no deben asistir a la escuela hasta que no sean tratados con champú especial para piojos. Las liendres deben ser removidas. Período de incubación: los huevos producen en una semana y los piojos alcanzan madurez sexual en dos semanas.

____ Conjunctivitis, Aguda Bacteriana (ojos enfermos, ojos enrojecidos): Ojos llorosos e inflamados, párpados hinchados, vista nublosa, descarga mucosa y de pus de los ojos. Se propaga al estar en contacto con la descarga de los ojos o del aparato respiratorio de las personas afectadas a través de dedos, ropa u otros artículos contaminados. La infección es contagiosa durante el curso de la infección activa. Los niños deben ser excluidos de la escuela durante el período agudo de la enfermedad hasta que sean tratados por el médico. El período de incubación es de 24 a 72 horas.

EPIDEMIC OUTBREAK EXCLUSION NOTICE

Date: _____

Dear Parents or Guardians:

We have been notified by the Department of Public Health that there is an epidemic in our area of the disease(s) noted below.

    ___ Measles (Rubella/10-day, red measles)

    ___ Rubeola (German Measles/3-day measles)

    ___ Mumps

    ___ Polio

    ___ Diphtheria   ___ Tetanus (Lockjaw)   ___ Pertussis (Whooping Cough)

Our records indicate that:

    ___ You have signed a waiver that your child be exempted from the immunization requirement.

    ___ Your child has not been fully immunized against this disease(s).

Unless we have evidence that the immunization has been obtained, state law requires us to exclude your child from school for his/her protection starting _____. We will notify you when he/she may return to school, or you may choose to obtain an immunization. If you choose to have your child immunized, evidence of the immunization(s) <u>MUST</u> be brought to the school before your child can be readmitted to school.

Immunizations may be obtained from your family doctor or at your local health center or clinic. A parent or guardian must go with the child.

If you have any questions, please call our school nurse at _____.

                                         Sincerely,

                                         _____

                                         Principal

EPIDEMIC OUTBREAK EXCLUSION NOTICE

Fecha: _____

Estimados Padres o Tutores:

Nos ha notificado el Departamento de Salubridad Pública que hay una epidemia en nuestra área de la enfermedad anotada a continuación.

- ___ Rubella (sarampión de 10 días)

- ___ Rubéola (sarampión alemán/sarampión de 3 días)

- ___ Paperas

- ___ Poliomielitis

- ___ Difteria   ___ Tétano   ___ Pertusis (Tos Ferina)

Nuestros registros indican que ustedes:

- ___ Firmaron un documento de excepción para que su niño(a) sea eximido del requisito de inmunización.

- ___ Su hijo(a) no ha sido completamente inmunizado contra esta enfermedad.

A no ser que tengamos evidencia en la escuela de que la inmunización ha sido obtenida, la ley del estado requiere que, para la protección de su niño/a, él/ella debe ser excluido de la escuela empezando _____. Les notificaremos cuando él/ella puede volver a la escuela, o pueden ustedes obtener la inmunización. Si eligen que su niño/a sea inmunizado/a, evidencia de la inmunización <u>DEBE SER</u> presentada en la escuela antes de que su niño/a pueda ser readmitido/a a la escuela.

Pueden obtener inmunizaciones en su médico, en el Centro de Salubridad, o en una clínica. El padre o tutor debe acompañar al niño.

Si tienen preguntas, por favor llamen a la enfermera escolar al número _____.

Atentamente,

_____
Director(a)

Date: _____

Dear Parents or Guardians:

Head lice (pediculosis) continues to be a problem at our school. We are keeping a close watch in classes where we know children have been exposed. We need your help in preventing the spread of head lice. Inspect your own child's hair at least once a week. If you suspect your child may have nits (the eggs) or lice, please notify the school immediately. Prompt treatment of all known cases is essential for the control of this problem.

School staff will continue inspecting children in classes where there is a known head lice problem, and we will continue to exclude all students who are found to have head lice. As always, all excluded children will be examined before they are permitted to return to class.

Head lice can happen to anyone. Only prompt adequate treatment will prevent its spread.

        The School Nurse

        Phone: _____

Fecha: _____

Estimados Padres o Tutores:

Piojos, también llamados pediculosis, continúa siendo un problema en nuestra escuela. Estamos tratando de vigilar bien en clases donde hay niños que han sido expuestos a la contaminación. Necesitamos su ayuda para impedir la propagación de los piojos. Hagan una inspección del cabello de su hijo/a por lo menos una vez por semana. Si ustedes sospechan que su hijo/a tiene liendres (los huevos) o piojos, por favor notifíquenlo a la escuela inmediatamente. Tratamiento inmediato de todos los casos es esencial para el control de este problema.

El personal de la escuela continuará inspecciones de todos los niños en las clases donde hay una infestación. Excluimos de la escuela a todos los niños/as que tengan piojos. Como siempre, reexaminamos a todos los niños que han sido excluidos antes de darles permiso para regresar a la escuela.

Los piojos pueden afectar a cualquier persona. Tratamiento adecuado e inmediato es la única forma de prevenir la infestación.

La Enfermera Escolar

Teléfono: _____

HEAD LICE/TREATMENT

Dear Parents or Guardians: Date: _____

Today we became aware of a case of head lice in your child's classroom. During our inspection of the students we discovered evidence of this condition with your child. To prevent the further spread of this condition, we must exclude your child from school until he/she has been adequately treated and free from all lice and eggs (nits).

Head lice are extremely small, brown, black or grayish-white insects and can barely be seen. The eggs are attached to the hair follicle and look like a clear, tiny dewdrop. They usually are found at the back of the neck at the hairline and behind the ears. Eggs are attached very tightly and must be removed with a fine comb or your fingernails.

In order to treat your child, it is _important_ to follow the recommendations below _very carefully_.

1. A special shampoo is required. Ask your druggist or doctor to suggest one.

2. _Follow instructions on the container EXACTLY._ These shampoos kill the lice and loosen the nits or eggs, so they may be combed out or removed by sliding off the hair between the fingers. Rinsing the hair with equal parts vinegar and water will make it easier to remove the eggs.

3. Check all family members, and treat them if there is any sign of lice.

4. More than one treatment will probably be necessary. _Be sure to follow the instructions exactly._

5. It is important to disinfect all objects and clothing that are used near the hair, such as bedding, combs, jackets, hats, stuffed animals, etc. Hot water and laundry detergent or dry cleaning will work. Stuffed toys can be put into securely tied plastic bags and put away for three to four weeks.

6. Vacuum the house thoroughly, especially the mattresses, pillows and around beds. Vacuum upholstered furniture. In cases of family infestation, spray all furniture and other items that cannot be washed or dry cleaned (such as car seats) with a spray recommended by your druggist.

The lice can live off the hair for ten or more days, so it is important that all these things be done **on the same day** to prevent reinfestation.

We are sorry, but we cannot allow your child to return to school until the treatment is complete and no more lice or eggs exist. This is necessary to protect all children enrolled in our schools.

Please bring your child to the nurse's office to be checked before being readmitted to school.

Thank you for your understanding and cooperation. When we work together, we help all children.

The School Nurse

Phone: _____

HEAD LICE/TREATMENT

Estimados Padres o Tutores: Fecha: _____

Hoy nos dimos cuenta de un caso de piojos en la clase de su niño(a) y durante nuestra inspección de los estudiantes, descubrimos evidencia de esta condición en su niño(a). Para prevenir la difusión de esta condición, será necesario excluir a su niño(a) de la escuela hasta que tenga tratamiento adecuado y esté libre de todos los piojos y los huevecillos.

Los piojos del pelo son extremadamente pequeños, marrones, negros o de color blancuzco-grisáceo y casi no se ven. Los huevos se pegan al folículo del pelo y se parecen a una pequeña y transparente gota de rocío. Muchas veces se ven detrás de la nuca en la línea del pelo y detrás de los oídos. Los huevos se pegan fuertemente y se deben de quitar con peine espeso o las uñas.

Para dar tratamiento a su niño(a), favor de seguir las siguientes recomendaciones <u>con mucho cuidado</u>.

1. Un champú especial es requerido. Pídale al médico o al farmacéutico una recomendación.

2. <u>Siga las instrucciones en el envase EXACTAMENTE.</u> Estos champús matan los piojos y sueltan los huevecillos para que puedan sacarse del pelo con el peine o haciendo resbalar los dedos entre el pelo. Enjuagando el pelo con partes iguales de vinagre y agua facilita el quitarse los huevecillos.

3. Revise a todos los miembros de la familia y sométalos a tratamiento si hay evidencia de piojos.

4. Más de un tratamiento probablemente será necesario. Siga las instrucciones exactamente.

5. Es importante desinfectar todos los objetos y ropa usados cerca del pelo como ropa de cama, peines, chamarras, sombreros, juguetes de peluche, etc. Agua caliente y jabón para la ropa o limpiado en la tintorería es suficiente. Se pueden meter los juguetes de peluche en bolsas de plástico herméticamente cerradas de tres a cuatro semanas.

6. Limpie la casa a fondo con aspiradora, especialmente los colchones, almohadas, y alrededor de las camas. Limpie con aspiradora los muebles tapizados. En casos de infestación de la familia entera, rocíe con un desinfectante recomendado por la farmacia todos los muebles y otras cosas que no se puedan lavar o mandar a la tintorería (como asientos de carros).

Es importante que todas estas cosas se hagan **el mismo día** para prevenir reinfestación, porque los piojos pueden vivir fuera del pelo diez días o más.

El niño(a) no puede volver a la escuela hasta que el tratamiento sea completado y no existan más piojos o huevecillos. Lo sentimos, pero es para el bien de todos los estudiantes en nuestras escuelas.

Por favor traiga a su niño(a) a la oficina de la enfermera para revisarlo(la) antes de readmitirlo(la) a la escuela.

Gracias por su comprension y cooperación. Con mutua cooperación podemos ayudar a todos los niños.

                                          La Enfermera Escolar

                                          Teléfono: _____

CONJUNCTIVITIS

Date: _____

Dear Parents or Guardians:

Your child, _____, is suspected of having conjunctivitis. This disease is highly contagious and requires medical treatment. Also called Pinkeye or Sore Eye, conjunctivitis is an inflammation of the membrane that covers the eyelids. The symptoms are itching, redness, a sticky drainage on eyelids and lashes (crustiness) and sensitivity to light. It is very easily passed from child to child. The incubation period is 24 to 72 hours. Please keep your child home until the eyes are clear.

All children with conjunctivitis need to understand the importance of not sharing makeup or any clothing that pulls over the head. It is also imperative that they wash their hands frequently and not touch their eyes. At home, changing the pillowcase and sheets daily while the child is in the acute state will help prevent recontamination.

Thank you,

The School Nurse

Fecha: _____

Estimados Padres o Tutores:

Su hijo(a) _____ puede tener conjuntivitis. Esta enfermedad es muy contagiosa y requiere tratamiento médico. Conjuntivitis - también llamada Dolor de Ojo u Ojo Enrojecido es una inflamación de la membrana que cubre el párpado del ojo. Los síntomas son picor, enrojecimiento del párpado, desagüe pegajoso en la pestaña y párpado (legañas) y sensibilidad a la luz. El período de incubación es de 24 a 72 horas. Favor de tener a su niño(a) en casa hasta que los ojos estén limpios.

Los niños con conjuntivitis necesitan saber la importancia de no compartir maquillaje o ropa que se ponga por encima de la cabeza. También es esencial que se laven las manos con frecuencia y no se toquen los ojos. En casa, el cambio de funda de almohada y sábanas diariamente, durante el máximo de infección, ayudará a impedir contaminarse de nuevo.

Gracias,

La Enfermera Escolar

BEE STING MEDICATION

Date: _____

Dear Parents or Guardians:

Because of the presence of bees in the area of our school, we want to be sure our students will be provided with medication if they should require it for bee stings. We ask your cooperation in completing the information below and returning it as soon as possible to the school office.

If your child requires medication in the case of a bee sting, it is important for you to contact the office immediately at _____.

Medication for bee stings is **not available** in the nurse's office. **Medication must be provided by the parent and a permission slip completed and kept on file in the office for this medication to be administered.**

Thank you for your help.

Student's Name: _____   Grade: _____
Teacher's Name: _____   Room #: _____

_____ My child has never been stung.
_____ My child has been stung, with the following reaction:

    _____ Normal reaction
    _____ Breathing problem
    _____ Swelling
    _____ Other (please explain)

_____
_____

Does your child require medication for bee stings?   _____ Yes   _____ No

If so, name of medication: _____

Please check below what we are to do in case your child is stung:

    _____ Administer medication presently at school.
    _____ Contact parent or emergency number.
    _____ If unable to contact parent, permission is granted to call paramedics. Please give us the name and phone number of your child's doctor.
    Doctor: _____   Phone: _____

If your child does require medication, please bring the medication along with a signed permission slip (furnished by the school) to the school office <u>immediately</u>.

_____
Parent/Guardian Signature

_____
Date

Fecha: _____

Estimados Padres o Tutores:

A causa de la presencia de abejas en el área de la escuela, queremos asegurarnos de que los alumnos tengan medicina si la necesitan para una picadura de abeja. Pedimos su cooperación para completar la siguiente información y regresar esta hoja lo más pronto posible a la oficina de la escuela.

Si su hijo(a) necesita medicina en caso de una picadura de abeja, favor de comunicarse inmediatamente al teléfono _____.

No tenemos los necesarios medicamentos disponibles en la sala de la enfermera. **Es necesario que ustedes proporcionen la medicina y firmen un permiso que se guardará en nuestros archivos para poder darle la medicina a su hijo(a).**

Gracias por su cooperación.

Nombre del Estudiante: _____ Grado: _____
Maestro(a): _____ Salón #: _____

_____ A mi hijo(a) nunca le han picado las abejas.
_____ Le han picado las abejas con la reacción siguiente:

      _____ Reacción normal
      _____ Problema respiratorio
      _____ Inflamación
      _____ Otro (explique)

_____
_____

¿Necesita medicina su hijo(a) en caso de un picadura de abeja?   _____ Sí   _____ No

Si contesta que sí, proporciónenos el nombre de la medicina: _____

Favor de marcar abajo lo que quieren que hagamos en caso de una picadura de abeja:

    _____ Administrar la medicina guardada en la escuela.
    _____ Contactar a los padres o un número de emergencia.
    _____ Si no podemos ponernos en contacto con los padres, se concede permiso para llamar a los paramédicos si es necesario. Favor de escribir el nombre del doctor de su niño(a).
    Doctor: _____ Teléfono: _____

Si su hijo(a) necesita medicina, <u>favor de traer la medicina</u> junto con un permiso firmado (la escuela le da el impreso) a las oficinas de la escuela inmediatamente.

_____
Firma del Padre o Tutor

_____
Fecha

Notice of Head Injury

Date: _____

Dear Parents or Guardians:

We were unable to reach you by phone today. _____
(Student Name)
suffered an injury to the head/face at school today.

Your child has been observed carefully and the injury does not appear to be serious at this time. However, please watch for any signs of nausea, vomiting, unequal pupil size, dizziness, sleepiness or visual disturbances, and take him (her) to the doctor immediately should any of these symptoms occur.

Sincerely,

_____
The School Nurse

Aviso de Herida en la Cabeza/Cara

Fecha: _____

Estimados Padres o Tutores:

No pudimos avisarles por teléfono hoy. _____ se
(Nombre de Alumno)
lastimó la cabeza/cara en la escuela hoy.

Hemos observado a su hijo(a) cuidadosamente y la herida, en este momento, no parece ser grave. Sin embargo, favor de observar si su hijo(a) exhibe síntomas de náusea, vómito, desigual tamaño de las pupilas, desvanecimiento, soñolencia o problemas con la vista. Llévenlo(la) al doctor inmediatamente si alguno de estos síntomas se presenta.

Atentamente,

_____
La Enfermera Escolar

Head Injury Observation List

Date: _____   School: _____

To the Parents or Guardians of _____:

Your child sustained a head injury today and we were unable to contact you by phone. It is important to observe your child for the next 24 hours. If any of the following should occur, contact your family doctor immediately.

1. Drowsiness - You should be able to easily arouse your child. Interrupt his/her sleep at least every two hours until midnight.

2. Severe headache.

3. Vomiting more than once.

4. Fluid or blood seeping from nose or ears.

5. Vision problems not previously observed, such a seeing double or blurred vision.

6. Unable to answer simple questions.

7. Slurred speech, confusion.

8. Weakness of the arms or legs, especially on one side of the body.

9. Twitching or convulsions.

Comments: _____
_____
_____

Please let us know how your child is getting along.

_____
The School Nurse

_____
Phone

Lista de Observaciones de Lesiones de la Cabeza

Fecha: _____ Escuela: _____

A los Padres o Tutores de _____:

Su hijo(a) ha sufrido hoy una lesión en la cabeza y no pudimos avisarles. Es importante que Uds. lo (la) observen durante las siguientes 24 horas. Si apareciera alguno de los síntomas siguientes, pónganse de inmediato en contacto con su médico.

1. Somnolencia-- Debe resultarle fácil despertar a su hijo(a). Interrumpan su sueño por lo menos cada dos horas hasta la medianoche.

2. Dolores de cabeza severos.

3. Vómitos más de una vez.

4. Líquidos o sangre que salen de la nariz o las orejas.

5. Problemas de la vista no observados anteriormente como visión doble, o borrosa.

6. Incapaz de contestar preguntas simples.

7. Balbuceo, confusión.

8. Debilidad en los brazos o piernas, especialmente en un lado del cuerpo.

9. Tic nervioso o convulsiones.

Comentarios: _____
_____
_____

Favor de informarnos de la condición de su hijo(a).

_____
La Enfermera Escolar

_____
Teléfono

DENTAL SCREENING

Dear Parents or Guardians:

The months of _____ and _____, _____, have been
                   (Month)   (Month)   (Year)
designated Dental Health Months in our district.

During this time, the local dentists have kindly consented to donate their time to conduct a dental screening of _____ and _____ graders attending _____ schools.
This will be a visual examination without X rays and is not considered a complete dental examination. These brief examinations will take place during regular school hours.

If you **do not** wish your child screened, please notify your school nurse prior to _____.
     (Date)

You will receive a copy of the findings.

                                 Sincerely,

                                 Director of Health Services

DENTAL SCREENING

Estimados Padres o Tutores:

Los meses de _____ y _____, _____ serán los Meses
           (Mes)   (Mes)   (Año)

de Salud Dental en nuestro distrito.

Durante estos meses, los dentistas de la localidad han cordialmente accedido a donar su tiempo para hacer un reconocimiento de la dentadura de los estudiantes en los _____ y _____ grados, que asisten a las escuelas _____.
Este examen será visual, sin rayos X, y no es considerado como un examen completo. Estos breves reconocimientos tendrán lugar durante las horas regulares de clases.

Si ustedes **no quieren** que su niño/a tenga el examen, por favor llamen a la enfermera de la escuela antes del _____ de _____.
                                                                 (Día)   (Mes)

Ustedes recibirán una copia de los resultados.

                                                                 Atentamente,

                                                      Director(a), Servicios de Salubridad

DENTAL HEALTH REPORT
_____

Name: _____ Date: _____

Age: _____ Teacher: _____ School: _____

Dear Parents or Guardians:

Your child was recently examined as part of the school's dental health program. The preliminary findings indicate:

_____ Your child has no immediate problems at this time, but your child should see your family dentist every six months to keep his/her teeth in perfect dental health.

_____ Your child has several teeth with cavities. Please see your family dentist.

_____ Your child has very poor dental health. Please see your dentist immediately.

_____ Orthodontic consultation needed.

Regardless of the present condition of your child's teeth, it is most important to seek professional dental care in order to:

1. Maintain the health of his/her mouth.
2. Correct any deformities before they become painful and expensive.
3. Teach your child how to maintain his/her teeth and mouth to last a lifetime with the least expense.

We encourage all parents to establish a regular dental program with a dentist or clinic in the area.

Thank you,

_____
The School Nurse

Examining Dentist's Comments:

DENTAL HEALTH REPORT

Nombre: _____ Fecha: _____

Edad: _____ Maestro(a): _____ Escuela: _____

Estimados Padres o Tutores:

Su hijo/a ha sido examinado recientemente como parte del programa de salubridad dental de la escuela. La condición de la boca de su hijo/a es:

____ Su niño/a no tiene ningún problema dental, pero su niño/a debe ir al dentista cada seis meses para mantener su dentadura en perfectas condiciones de salubridad.

____ A su niño/a se le encontraron varias caries. Es necesario que vaya al dentista.

____ Su niño/a tiene mala dentadura. Es necesario que vaya al dentista inmediatamente.

____ Su niño/a requiere ser visto(a) por un especialista en ortodoncia.

De cualquier manera, es muy importante obtener cuidado dental profesional para poder:

1. Mantener la salud de su boca.
2. Corregir algunas deformidades antes de que sean dolorosas y caras.
3. Enseñar a su hijo/a cómo cuidar sus dientes para que le duren toda su vida y con el menor costo.

Se le aconseja establecer un programa dental regular con un(a) dentista en el área.

Atentamente,

_____
La Enfermera Escolar

Examining Dentist's Comments:
(Comentarios del Dentista)

SCOLIOSIS SCREENING

Scoliosis Screening Program

Date: _____

Dear Parents or Guardians:

Scoliosis screening will be done for the seventh-grade girls and eighth-grade boys on _____.
(Date)

Scoliosis is an "S" shaped curvature of the spine, a condition which can be effectively treated in the early stages through medical intervention.

The screening is required in all public schools. You will be notified by your school nurse if your child requires further evaluation for a possible problem.

If you DO NOT WANT your child to participate in the scoliosis screening program, please indicate this in the space provided below.

Sincerely,

_____
The School Nurse

(Return this portion prior to the scheduled date.)

I do not want my child to participate in the scoliosis screening.

_____   _____   _____
Child's Name   Homeroom Teacher   Grade

_____   _____
Signature of Parent or Guardian   Date

Programa de Exámenes para Detectar Scoliosis

Fecha: _____

Estimados Padres o Tutores,

Los exámenes de scoliosis para niñas del séptimo grado y niños del octavo grado serán el _____.

(Fecha)

Scoliosis es una curvatura de la columna vertebral, en una forma de "S". Esta condición puede ser tratada por el médico si se detecta en las fases tempranas.

Los exámenes son obligatorios en todas las escuelas públicas. Uds. serán notificados por la enfermera escolar si su niño(a) necesita exámenes más completos para detectar y corregir un posible problema.

Si ustedes NO QUIEREN que su niño(a) participe en los exámenes de scoliosis, favor de indicarlo en el espacio abajo.

Atentamente,

_____
La Enfermera Escolar

(Devuelva esta sección antes de la fecha de los exámenes.)

No quiero que mi hijo(a) participe en los exámenes de scoliosis.

_____ _____ _____
Nombre del Niño(a)   Maestro(a) del Salón Principal   Grado

_____ _____
Firma del Padre o Tutor   Fecha

VISION TESTING

Name of Student: _____ School: _____ Date: _____
Address: _____ Telephone Number: _____
Grade: _____ Track: _____ Teacher: _____

Dear Parents or Guardians:

Recently, we tested your child's eyesight at our school. Because of the test results, we believe your child should have a complete eye examination. We urge you to have this done as soon as possible. Please take this form to your eye examiner and ask him/her to complete it. Please return the completed form to the school as soon as possible. If you need more information, please contact our school nurse.

Note to Eye Examiner:

We have recommended that the parents seek out a complete examination because of:

Performance on Snellen Test: R. 20/_____ L. 20/_____ Both 20/_____
Signs and Symptoms: _____

The school looks forward to a report from you with any recommendations you desire to make. This information will help us plan the best educational program for this child.

Report of Eye Examiner to the School

Name of Child: _____ School: _____ Date: _____

<u>Visual Acuity</u>   <u>Glasses</u>

Distance Vision:

                                                                                                      _____ Not prescribed

Without lenses   With lenses   _____ Prescribed
R. 20/   L. 20/   R. 20/   L. 20/   _____ To be worn all the time
Both 20/   Both 20/   _____ To be worn for close work only
                                                                         _____ To be worn for distance only

Near Vision:

Without lenses   With lenses
R. 20/   L. 20/   R. 20/   L. 20/
Both 20/   Both 20/

Preferential seating recommended: _____
Special materials that would be helpful: _____
Other recommendations or suggestions: _____
Date patient should return for further examination: _____

Signature: _____ Date: _____

Address: _____ Telephone: _____

Nombre del Niño(a): _____ Escuela: _____ Fecha: _____
Dirección: _____ Número de Teléfono: _____
Grado: _____ Horario: _____ Maestro/a: _____

Estimados Padres o Tutores:

Como resultado de un reciente examen de la vista de su niño(a) en la escuela, creemos que su niño/a debería de tener un completo examen de los ojos. Les rogamos que presten su pronta atención a esto. Por favor lleven este impreso a la persona que examine los ojos de su niño/a y pídanle que lo complete. Favor de devolverlo a la escuela tan pronto como sea posible. Si desean más información, por favor comuníquense con la enfermera escolar.

Note to Eye Examiner:

We have recommended that the parents seek out a complete examination because of:

Performance on Snellen Test: R. 20/_____   L. 20/_____   Both 20/_____
Signs and Symptoms: _____

The school looks forward to a report from you with any recommendations you desire to make. This information will help us plan the best educational program for this child.

- -

Report of Eye Examiner to the School

Name of Child: _____ School: _____ Date: _____

<u>Visual Acuity</u>   <u>Glasses</u>

Distance Vision:
                                                            _____ Not prescribed
                                                            _____ Prescribed
Without lenses   With lenses   _____ To be worn all the time
R. 20/   L. 20/   R. 20/   L. 20/   _____ To be worn for close work only
Both 20/   Both 20/   _____ To be worn for distance only

Near Vision:

Without lenses   With lenses
R. 20/   L. 20/   R. 20/   L. 20/
Both 20/   Both 20/

Preferential seating recommended: _____
Special materials that would be helpful: _____
Other recommendations or suggestions: _____
Date patient should return for further examination: _____

Signature: _____ Date: _____

Address: _____ Telephone: _____

HEARING AND VISION APPRAISAL

Report of Health Appraisal - Vision and Hearing

_____ _____ _____
School   Teacher   Date

Dear Parents or Guardians,

As part of the school program, your child's hearing and vision are screened periodically, and your child is continuously observed for indications of possible health problems. Your child, _____, was examined at school and shows signs suggestive of:

_____

_____

_____

While this is only an impression and not a diagnosis, we believe your child will benefit if this condition receives professional attention from your family _____ as soon as possible.
(Doctor, Dentist)

_____
The School Nurse

Report of Examiner to the School
(Please return to school nurse)

Child's Name: _____ Date of Birth: _____

School: _____ Grade: _____ Teacher: _____

Examination result or diagnosis: _____

_____

Treatment recommended: _____

_____

Date patient should return for further examination: _____

Examiner's Name: _____ Phone No.: _____
(Please Print)

Examiner's Signature: _____ Date: _____

Address: _____

Reporte de Evaluación - Visión y Oído

_____   _____   _____
Escuela   Maestro/a   Fecha

Estimados Padres o Tutores:

Como parte del programa de la escuela, la visión y el oído de su hijo(a) son examinados periódicamente, y su hijo(a) es continuamente observado(a) para detectar posibles indicaciones de problemas de la salud. Recientemente su niño/a, _____, ha sido examinado en la escuela y tiene síntomas que sugieren que:

_____

_____

_____

A pesar de que es sólo una impresión y no un diagnóstico formal, creemos que su hijo(a) se beneficiará si esta posible condición recibe atención profesional de parte de su _____ en
                                                                                    (Doctor, Dentista)
cuanto sea posible.

                                            _____
                                            La Enfermera Escolar

----

Reporte del Examinador a la Escuela
(Por favor devuelva este reporte a la enfermera de la escuela)

Report of Examiner to the School
(Please return to school nurse)

Child's Name: _____   Date of Birth: _____

School: _____ Grade: _____ Teacher: _____

Examination result or diagnosis: _____

_____

Treatment recommended: _____

_____

Date patient should return for further examination: _____

Examiner's Name: _____   Phone No.: _____
                      (Please Print)

Examiner's Signature: _____ Date: _____

Address: _____

PARENT REVIEW OF PERSONAL HYGIENE CURRICULUM

Date: _____

Dear Parents and Guardians of Fifth-Grade Girls:

The _____ School District offers a personal hygiene program to fifth-grade girls in the spring of the year as part of its course of study. To comply with state law it is required that students have written parental permission to participate in the program.

The law also directs that parents be given an opportunity to review the course and inspect the materials used. In order to comply with this portion of the law, you are invited to attend a meeting for parents of fifth-grade girls at _____ School on _____ at _____.

_____, the nurse who teaches the course, will present and review these materials for you. <u>This meeting is for parents only</u>. The lessons and materials used in this course will also be available for inspection by parents at _____, or in the principal's office at your school.

After this meeting is held, you will be sent a return letter on which you will indicate if you do or do not grant permission for your daughter to participate in this program.

We look forward to your attendance at this meeting.

_____
Principal

_____
Date

PARENT REVIEW OF PERSONAL HYGIENE CURRICULUM

Fecha: _____

Estimados Padres y Tutores de las Alumnas del Quinto Grado:

El Distrito Escolar de _____, como parte de su programa de estudios, ofrece un programa de higiene personal para las alumnas del quinto año en la primavera. Para cumplir con la ley del estado, se requiere que las alumnas tengan permiso escrito de los padres para participar en el programa.

La ley también requiere que los padres tengan la oportunidad de revisar el curso e inspeccionar el material usado. Para cumplir con este requisito de la ley, quedan ustedes invitados a la junta para padres de las alumnas del quinto año en la escuela _____ el _____ a las _____.

_____, la enfermera encargada del curso les demostrará y repasará los materiales con ustedes. <u>Esta junta es para padres de familia únicamente</u>. El material y las lecciones que serán usados en este curso estarán también a disposición de los padres para su inspección en _____, o en la oficina del director de su escuela.

Después de la junta se les enviará una carta en la que ustedes indicarán si dan su permiso para que su hija participe en este programa o no.

Esperamos que ustedes puedan asistir a esta junta.

_____
Director(a)

_____
Fecha

PERSONAL HYGIENE PROGRAM

Date: _____

Dear Parents and Guardians of Fifth-Grade Girls:

The _____ School District provides a personal hygiene program for fifth-grade girls each year. The purpose of this letter is to give you the opportunity to indicate in writing if you do or do not wish your daughter to attend these classes. According to state law, this program is entirely voluntary and no girl may attend the class without written permission of the parent. This permission is valid for the school year in which it is submitted but may be withdrawn by the parent or guardian at any time.

The personal hygiene program, taught by the school nurse, is designed to present information about the physiology of menstruation, emphasizing the fact that menstruation is a normal process of growing up. Today, girls menstruate much earlier than they did years ago. Every girl should know about menstruation before her 11th birthday. It is our desire to assist the home in helping your daughter adjust to the changes she will be experiencing and provide her with the facts about menstruation, so that she will experience confidence in growing up.

Please check, sign and return this letter. <u>This lesson is entirely voluntary and is not a required part of the school program.</u>

This program will take place _____.
(Dates)

It is necessary that this letter be signed and returned by _____.

_____
Principal

Please check: _____ Yes, I want my daughter to participate in the personal hygiene program.

                   _____ No, I do not want my daughter to participate.

_____   _____
Girl's Name   Signature of Parent or Guardian

                                            _____
                                            Date

PERSONAL HYGIENE PROGRAM

Fecha: _____

Estimados Padres o Tutores de las Alumnas del Quinto Grado:

El Distrito Escolar de _____ ofrece un programa de higiene personal para las alumnas del quinto año. Esta carta ha sido escrita para darles la oportunidad de indicar si desean o no que su hija tome el curso. De acuerdo con la ley estatal este curso es completamente voluntario, y ninguna alumna podrá asistir a esta clase sin permiso de uno de los padres. Este permiso es válido dentro del año en que es concedido, pero puede ser cancelado por los padres o tutores en cualquier momento.

El programa de higiene personal, dado por la enfermera escolar, ha sido creado para presentar información acerca de la fisiología de la menstruación, poniendo énfasis en que la menstruación es un proceso normal del crecimiento. Hoy las muchachas empiezan su menstruación a edad más temprana que en años anteriores. Toda alumna debe saber acerca de la menstruación antes de cumplir los once años. Es nuestro deseo asistir a los padres ayudando a las alumnas a ajustarse a los cambios que tienen lugar, y darles a conocer a ellas los detalles de la menstruación, para que tengan confianza en lo que se refiere a su crecimiento.

Por favor marquen, firmen y devuelvan esta carta. <u>Esta clase es completamente voluntaria y no es requerida como parte del programa escolar.</u>

Esta clase será dada en _____.
(Fechas)

Es necesario que esta carta sea firmada y devuelta para _____.

_____
Director(a)

Por favor marque: _____ Sí, deseo que mi hija tome el programa de higiene personal.

_____ No deseo que mi hija tome esta clase.

_____   _____
Nombre de la Alumna   Firma del Padre o Tutor

                                   _____
                                   Fecha

STUDENT SAFETY

Date: _____

Dear Parents or Guardians,

We need your assistance in providing a safe environment for students during arrival and dismissal times. Your cooperation in following the procedures listed below will be greatly appreciated.

During drop-off times please:

1. Do not park your car at any point in the moving lane.
2. Drop children off so that they do not have to cross in front of a moving vehicle.
3. Do not stop at a point where moving traffic will be blocked.

During pickup times please:

1. Do not park in a moving lane, or double or triple park.
2. Do not leave your car unattended in a moving lane (even if no one else is around at the time).
3. Pick your children up in a manner that does not cause them to cross in front of moving (or about to move) vehicles.
4. If you are blocking someone from moving out, be courteous by moving your vehicle to allow them access to move.
5. Do not park in the handicapped areas.
6. Be especially careful during rainy days.
7. Best of all - park your vehicle on the side streets and have your children walk safely to where you are.

Thank you for your cooperation. If you have any questions, please call the school office.

Sincerely,

_____
Principal

STUDENT SAFETY

Fecha: _____

Estimados Padres o Tutores,

Necesitamos su ayuda para poder proporcionar un ambiente de seguridad a nuestros estudiantes durante las horas de entrada y salida de la escuela. Se agradece de antemano su cooperación con los siguientes procedimientos.

Al dejar a sus niños en la escuela, por favor:

1. No estacionen su auto en ningún punto del carril usado para que se apeen los pasajeros.
2. Asegúrense de que sus niños no tengan que cruzar enfrente de un vehículo en movimiento.
3. No se detengan en ningún lugar que pueda bloquear o entorpecer el tráfico.

Al recoger a los niños de la escuela, favor de:

1. No estacionarse en el carril usado para que se apeen pasajeros ni aparcar en doble fila.
2. No dejar su auto desatendido en el carril usado para que se apeen pasajeros (aunque no haya tráfico en ese momento).
3. Recoger a su niños de manera que no crucen enfrente de un auto que está moviendose (o que está por moverse).
4. Ser cortés y mover su auto si está bloqueando a otro.
5. No estacionarse en las áreas designadas para los minusválidos.
6. Tener mucho cuidado, especialmente durante los días de lluvia.
7. Estacionar su vehículo en las calles cercanas y hacer que sus niños caminen con cuidado hacia donde Uds. se encuentran estacionados.

Gracias por su cooperación. Si tienen alguna pregunta, favor de llamar a la oficina de la escuela.

Atentamente,

_____
Director(a)

Date: _____

Dear Parents or Guardians,

This morning two different students reported incidents of being bothered by adults on the way to school. One student reported an indecent exposure by a man in a white pickup truck without a license plate. Another reported being invited to get in the car by man in a gray car. Neither incident resulted in harm to our students. The police were notified, and it seems that other schools have had similar incidents.

Students and teachers have been alerted and teachers have reviewed proper safety procedures with students. We wanted you to know about this so that you can discuss this with your children and keep an eye out for any suspicious strangers.

Please call the school if you have any questions or information about strangers you have seen. Thank you.

_____
Principal

Fecha: _____

Estimados Padres o Tutores,

Esta mañana dos estudiantes nos informaron que unos adultos les causaron molestias cuando iban camino de la escuela. Uno de los estudiantes nos informó que un adulto que conducía una camioneta ("pick-up") de color blanco y sin placas, se exhibió indecentemente. El segundo estudiante dijo que un adulto que conducía un auto gris lo había invitado a que se subiera en el auto con él. Ninguno de los dos incidentes resultaron en daño a los estudiantes. Se notificó todo a la policía, y parece ser que otras escuelas han tenido casos similares.

Los estudiantes y maestros están al tanto de lo sucedido y los maestros han repasado con los estudiantes los procedimientos de seguridad apropiados. Queremos que sepan sobre esto para que ustedes también comenten con sus niños lo sucedido y se mantengan atentos a la presencia de cualquier persona desconocida y sospechosa.

Por favor llamen a la escuela si tienen alguna pregunta, o información sobre personas desconocidas y sospechosas que ustedes hayan visto. Gracias.

_____
Director (a)

Student Services

BUS TRANSPORTATION INFORMATION

Date: _____

To: Parents or Guardians:

Because of the limited state funding for transportation, the _____ School District has adopted a policy which requires a $_____ per-ride fee to be paid by students riding school buses for home-to-school transportation. The fee, which will begin on _____, does not apply to Special Education students who require special transportation. Students who have been reassigned to new schools by Board action and students attending magnet programs will be exempt from transportation fees for the _____ school year.

The transportation fee structure is shown on the attached bus pass application. For your convenience, we encourage the purchase of passes or the purchase of books of single-ride tickets. Please note that a discount has been authorized for the use of annual bus passes. Students must display their pass when boarding the bus or deposit $____ cash or a $____ ticket in the fare box on the bus. Passes which are lost or become mutilated will be replaced at a fee of $_____. Students should be advised that loaning passes, using other than their own pass or attempting to ride without paying, may result in denial of school bus service.

To obtain a bus pass in advance, complete the information on the enclosed application form and return it by mail or in person to:
_____.

If you are buying a pass for a second student, please complete the required information on the application. A check or money order in the required amount must accompany mailed applications. After processing, passes will be delivered to the respective school for distribution to students. Passes and books of single-ride tickets may be purchased in person at the above address commencing _____.

Upon application, free bus passes will be issued in the following cases provided the student resides outside the prescribed walking distance to school:

- Students in families with more than two students where the first two pay to ride.
- Students in families which have met the reduced-price lunch criteria as verified by Child Nutrition Services and where the first child pays to ride.
- Students in families which have met the free lunch criteria as verified by Child Nutrition Services.

Application forms for paid and free passes are available at school sites and at the Transportation Department. It is unfortunate that we must implement a pay transportation program. However, it is necessary if we are to continue bus service for our students.

Fecha: _____

Para: Padres o Tutores:

A causa de la escasez de fondos estatales para el transporte, el Distrito Escolar de _____ ha adoptado una política que requiere se pague una cuota de $_____ por pasaje y que será pagada por los alumnos que utilicen autobuses escolares para su transporte entre la casa y la escuela. Esta nueva situación entrará en vigor el _____ de _____, y no afectará a los alumnos de Educación Especial que requieren transporte especial. Durante el año escolar de _____ tampoco afectará a los alumnos que fueron colocados en nuevos colegios por decisión de la Junta Escolar ni a los alumnos que asisten a las escuelas de especialización.

La estructura de cuotas para el transporte escolar se adjunta con la presente solicitud para obtener pases de autobús. Es conveniente y le recomendamos la compra de pases y libritos de pasajes individuales. Nótese que un descuento ha sido autorizado por el uso de pases anuales. Los alumnos deberán enseñar sus pases al subir al autobús o depositar $_____ en efectivo o un boleto de $_____ en la caja de cuotas del autobús. Pases perdidos, alterados o cortados serán reemplazados previo pago de $_____. Los alumnos deben saber que prestar sus pases, usar un pase que no es suyo, o tratar de viajar sin pagar puede resultar en su exclusión del servicio de transporte escolar.

Para obtener un pase por adelantado, completen el adjunto impreso y devuélvanlo por correo o en persona a:
_____.

Si desean comprar un pase para más de un alumno, completen por favor la información requerida en la solicitud. Manden, con la solicitud, un cheque o giro postal por la cantidad exacta. Más tarde, los pases serán entregados a las respectivas escuelas para su distribución a los estudiantes. Los pases y libritos de boletos de pasajes individuales, pueden ser adquiridos en persona en la dirección que arriba se indica a partir del _____.

Al recibir las solicitudes, pases gratuitos serán emitidos en los siguientes casos siempre y cuando el alumno resida fuera del área demarcada desde donde se puede ir a pie a la escuela:

- Alumnos de familias que tengan más de dos estudiantes que pagan por ir en el autobús de la escuela.
- Alumnos de familias que han sido admitidas por el Servicio de Nutrición de Niños en el programa de comidas a precios reducidos y que ya pagan por el transporte en autobús de un estudiante.
- Alumnos de familias que reunen las condiciones necesarias para participar en el programa de comidas gratuitas y han sido admitidas al programa por el Servicio de Nutrición de Niños.

Solicitudes para obtener boletos de pago y pases gratuitos pueden ser obtenidas en las diferentes escuelas y en el Departamento de Transporte. Sentimos tener que cobrar por el transporte, pero es necesario hacerlo si queremos poder continuar el servicio de autobuses para nuestros alumnos.

BUS FEES

Date: _____

Dear Parents or Guardians:

As of _____, _____, _____, the _____
          (Day)   (Date)   (Year)
School District will be charging a $ _____ fee for school bus transportation. This fee helps to defray the tremendous cost of busing students to and from school. A school bus pass or tickets can be purchased between the hours of _____ and _____ at your school office.

There will be regular checks of students boarding the buses to be sure they have a ticket or a pass. If a student does not have a ticket or a pass, the parents will be notified. No student will be denied transportation because of lack of a ticket or inability to pay.

If you should have any questions regarding the new bus fee, don't hesitate to call the _____ School Office at _____. We appreciate your cooperation.

                                          Sincerely,

                                          _____
                                          Principal

Fecha: _____

Estimados Padres o Tutores:

A partir del _____, _____, _____, el Distrito Escolar
                 (Día)   (Fecha)   (Año)

de _____ cobrará una tarifa de $ _____ por transporte en el autobús escolar. Esta tarifa ayudará a sufragar el tremendo costo del transporte de estudiantes. Un pase o billete de autobús escolar puede ser comprado entre las horas de _____ y _____ en la oficina escolar.

Habrá frecuentes controles al abordar los autobuses para asegurarnos de que los estudiantes tengan su pase o boleto. Si el estudiante no tiene su pase o boleto se notificará a los padres. No se le negará transporte a ningún estudiante por falta de boleto o de recursos para pagar.

Si tienen alguna pregunta sobre la nueva tarifa de transporte, por favor llamen a la oficina _____ escolar al número _____. Agradecemos su cooperación.

Atentamente.

_____
Director(a)

BUS PASS APPLICATION

_____ School District
Request for Purchase of Bus Pass

Student Name: _____ Date: _____

Address: _____ Phone: _____

School: _____ Track: _____ Grade: _____

Note: A separate form must be completed for <u>each</u> student. Passes may be purchased at the Transportation Office at
_____,
or return this form with payment to:
_____.

<u>Payment Enclosed</u>:   Check # _____   [ ]
                   Money Order   [ ]
                   (do not send cash by mail)

<u>In the Amount of</u>: $ _____

<u>For the Purchase of</u>:   Annual Pass   [ ]
                     Semester Pass   [ ]
                     One-Way a.m.   [ ]   Pass No.: _____
                     One-Way p.m.   [ ]

Passes or books of tickets may be purchased in person
by cash, check, money order, Visa or Mastercard.

The following is the transportation fee structure:
    Single rides are $____.
    Single-ride books of tickets are $_____ and $_____.
    High school annual passes are $_____.
    High school semester passes are $_____.
    High school one-way a.m. or p.m. passes are $_____.
    Kindergarten through grade eight annual passes are $_____.
    Kindergarten through grade eight one-way a.m. or p.m. passes are $_____.

FOR DISTRICT USE ONLY

Amount Received: $_____   For Pass(es): _____   For Tickets: _____
Method of Payment: Cash _____   Check _____   MO _____   VISA _____   MC _____
Received By: _____

BUS PASS APPLICATION

Distrito Escolar de _____
Solicitud para la Compra de un Pase de Autobús Escolar

Nombre del Alumno: _____ Fecha: _____

Dirección: _____ Teléfono: _____

Escuela: _____ Horario: _____ Grado: _____

Nota: Se debe completar una solicitud distinta por <u>cada</u> alumno.
Se pueden comprar pases en la Oficina de Transporte en:
_____,
o devuelva este impreso con su pago a:
_____.

Pago Adjunto: Cheque # _____   [ ]
                 Giro Postal   [ ]
                 (por favor, no mande dinero en efectivo por correo)

Por la Cantidad de: $ _____

Para la Compra de: Pase Anual   [ ]
                      Pase por un Semestre   [ ]
                      De Ida   a.m.   [ ]   Pase Número: _____
                      De Vuelta   p.m.   [ ]

**Se pueden comprar pases o libritos con boletos
de un pasaje en persona con cheque, giro postal, Visa,
Mastercard o dinero en efectivo.**

Lo siguiente es la estructura de las cuotas:

Pasajes de ida o vuelta son $____.
Libritos con boletos de un pasaje son $_____ y $_____.
Pases anuales para alumnos de preparatoria son $_____.
Pases por semestre para alumnos de preparatoria son $_____.
Pases de ida o vuelta de a.m. o p.m. para alumnos de preparatoria son $_____.
Pases anuales para alumnos del kínder hasta el 8o grado son $_____.
Pases de ida o vuelta de a.m. o p.m. para alumnos del kinder hasta el 8o grado son $_____.

FOR DISTRICT USE ONLY

Amount Received: $_____   For Pass(es): _____   For Tickets: _____
Method of Payment: Cash ____   Check ____   MO ____   VISA ____   MC ____
Received By: _____

BUS TRANSPORTATION - SPECIAL EDUCATION

Date: _____

Dear Parents or Guardians:

We are pleased to be able to offer transportation for your child during the _____ school year. The following guidelines have been developed for parents and students.

- Be on time! Have your child ready for the bus about five minutes before pickup time. The bus **cannot** wait.
- Severely handicapped children should have someone at home to receive them.
- If your child will be absent from school, call the School District Transportation number, _____, early in the morning to let them know. Also, call them the day before your child will return to school when your child has been absent for more than one day.

Listed below are some student rules. Please discuss them with your child before the first day of school. Riding the bus will be a more positive experience if children know what type of behavior is expected of them.

1. Enter the bus in an orderly manner. Take a seat, face the front of the bus with feet on the floor and remain quiet.
2. Follow the instructions of the school bus driver at all times. They need your cooperation for a safe trip for everyone.
3. The bus driver has the privilege of assigning seats.
4. Windows will be operated by the authority of the bus driver only.
5. Only authorized persons may ride the bus.
6. Absolutely no unacceptable language will be permitted.
7. Fighting means an automatic suspension of bus riding privileges.

Bus riding is a privilege.
Maintaining that privilege depends on the good conduct of students.

When children are approved to receive transportation, it means that the District will transport them from their home, or approved pickup location, to school and then back each school day. Alternate drop-off points (such as the Boys and Girls Club or a babysitter) will only be considered when they occur on a consistent basis. The bus will not be able to stop at one location certain days of the week and another location on the other days. If a student does not ride the bus for two consecutive days, the transportation office needs to be called or the bus will not stop on the third day.

Buses are unable by law to go into apartment complexes, condominium driveways or gated communities. Buses also may not stop in a situation where they are required to back up.

If at any time you have a concern regarding the manner in which your child is being transported, please call School District Transportation at _____.

Sincerely,

_____
Director, Student Services

BUS TRANSPORTATION - SPECIAL EDUCATION

Fecha: _____

Estimados Padres o Tutores:

Es un placer poder ofrecer servicio de transporte para su hijo(a) durante el año escolar _____.
Las siguientes reglas han sido establecidas para los padres y los estudiantes.

- ¡Lleguen a tiempo! Encárguense de que su hijo(a) esté en la parada cinco minutos antes de la llegada del autobús. El autobús **no puede** esperar.
- Los alumnos que estén severamente incapacitados deberán tener alguna persona lista para recibirlos en su casa.
- Si su hijo(a) no puede asistir a la escuela, favor de llamar muy temprano por la mañana al Departamento de Transporte del Distrito Escolar al número de teléfono _____, para avisar. También es necesario que llamen un día antes de que su hijo regrese a la escuela cuando haya estado ausente más de un día.

Abajo hay una lista de las reglas que tienen que seguir los estudiantes. Hagan el favor de repasarlas con su hijo(a) antes del primer día de escuela. Esto ayudará a que la experiencia de su hijo(a) al viajar en el autobús sea más agradable, ya que sabrá qué tipo de conducta se espera de él (ella).

1. Subir al autobús en forma ordenada. Tomar asiento en silencio mirando siempre hacia el frente del autobús con los pies en el piso.
2. Seguir las instrucciones del conductor(a) del autobús en todo momento. Ellos necesitan su cooperación para poder tener un viaje seguro.
3. El conductor del autobús tiene el privilegio de asignar asientos.
4. Las ventanas del autobús se usarán únicamente con el permiso del conductor del autobús.
5. Solamente las personas autorizadas podrán viajar en el autobús.
6. Por ningún motivo se aceptará el uso de lenguaje obsceno (malas palabras).
7. Pelear significa una suspensión automática del privilegio de transporte escolar.

El uso del autobús es un privilegio.
Conservar ese privilegio depende de la buena conducta de los estudiantes.

Cuando un alumno es aprobado para recibir transporte, esto significa que el Distrito lo transportará diariamente al alumno de su casa, o algún otro lugar aprobado, a la escuela y luego de regreso a su casa. Algunos lugares alternativos para el regreso de la escuela (tales como el "Boys and Girls Club" o la casa de la niñera) serán únicamente considerados cuando esto sea de forma consistente. No es posible que el autobús recoja al alumno en un lugar ciertos días de la semana, y en un lugar diferente otros. Si por alguna razón el alumno no usa el autobús por dos días consecutivos, es necesario que ustedes llamen al departamento de transporte, ya que de otra manera el autobús no pasará a recoger al alumno el tercer día.

Los autobuses no pueden, por ley, entrar a unidades de apartamentos, calles dentro de unidades de condominios o comunidades que estén cercadas y con verja. El autobús tampoco podrá recoger a un alumno cuando sea necesario que el autobús de marcha atrás.

Si en cualquier momento ustedes tuvieran dudas o preguntas acerca de la forma en que su hijo está siendo transportado, hagan el favor de llamar al Departamento de Transporte del Distrito al teléfono _____ o a la oficina de Educación Especial al teléfono _____.

Atentamente,

_____
Director de Servicios a Estudiantes

BREAKFAST AND LUNCH PROGRAM GUIDELINES

Dear Parents or Guardians:

The _____ School District participates in the National School Breakfast and Lunch Program. We serve nutritious meals every school day. Students may buy lunch for $ _____ at the elementary schools and $ _____ at the secondary schools, and milk for $ ____. Students may receive meals free of charge if they reside in households receiving Food Stamps or AFDC. They also may receive meals free of charge or at a reduced price of $ ____ if they reside in households whose incomes are within the levels shown on the income scale entitled Eligibility Scale for Free and Reduced-Price Meals. If you have a foster child who is the legal responsibility of the welfare agency or court, that child may be eligible for benefits regardless of your income. Students may purchase meals in advance at school sites.

Gross Income Scale

Household Size	Monthly	Household Size	Monthly
1*	$ _____	5	$ _____
2	_____	6	_____
3	_____	7	_____
4	_____	8	_____

For Each Additional Household Member, Add: $ _____

*A household of one means a pupil who is his/her sole support. Institutionalized children are always one-member households. **Foster** children are one-member households only if the **welfare/placement** agency maintains **legal** responsibility for the child. Household means a group of related or nonrelated individuals who are living as one economic unit and sharing living expenses. Living expenses include rent, clothes, food, doctor bills, light bills, heating bills and the like.

To Apply for Free or Reduced-Price Meals, please complete the eligibility application, sign it and return it to the school as soon as possible. Please answer all the questions on this form. If the application does not have the following information, it will not be accepted by the school.

For Food Stamp or AFDC Household, complete sections A and C only:

<u>Section A:</u>
1. Write the names of the children eligible for food stamps or AFDC who attend _____ District Schools; and
2. Write the food stamp or AFDC case number.
3. Go to Section C and sign the application (adult household member).

For Income Households (wages, pensions, Social Security, etc.) complete sections B and C only:

<u>Section B:</u>
1. Answer the question: Is this application for a foster child? If yes, refer to the section "Foster/Institutionalized Children" before completing the application.
2. Write the names of the children in the household who attend _____ District Schools. Also, write in the specific schools these children attend.
3. Write the names of all the other children who do not attend school.
4. Write the names of all household adults (ages 21 or older) plus anyone else supporting the household, and their income by source (under the 5 categories of income). List the Social Security number of either the primary wage earner or the household member who signs the application. If there is no Social Security number, indicate by the word "none."
5. Write the total monthly household income (total all household sources of income).
6. Write the total number of adults and children in the household.

<u>Section C:</u>
7. Sign the application (adult household member).

Estimados Padres o Tutores,

El Distrito Escolar de _____ participa en el Programa Nacional de Desayunos y Almuerzos Escolares. Servimos nutritivas comidas diariamente durante los días de clases. Los estudiantes pueden comprar la comida del mediodía por $ _____ en la escuela elemental, y $ _____ en la escuela secundaria, y la leche es $ ____. Los estudiantes pueden recibir alimentos gratis si viven en una casa donde reciben Estampillas para Alimentos o AFDC. Los niños de familias cuyos ingresos económicos estén dentro del nivel que muestra la escala adjunta, serán elegibles para comidas gratis o al precio reducido de $ ____. Si viven con ustedes un niño ajeno bajo la tutela legal de una dependencia de asistencia pública o de un tribunal, ese niño puede tener derecho a recibir los beneficios de este programa, cualquiera que sea el nivel de ingresos de la familia. Los alumnos pueden comprar los almuerzos por adelantado en las escuelas.

Escala de Ingresos Brutos

Tamaño de la Familia	Mensual	Tamaño de la Familia	Mensual
1*	$ _____	5	$ _____
2	_____	6	_____
3	_____	7	_____
4	_____	8	_____

Por Cada Miembro Adicional de la Familia, Añada: $ _____

*La familia de un solo miembro, quiere decir un alumno que es su único sostén. Niños institucionalizados son siempre un miembro único de la familia. Niños en custodia son un solo miembro de la familia, solamente si la agencia de Bienestar Social mantiene la responsabilidad legal del niño o niña. Familia, en este contexto, quiere decir un grupo que tenga o no parentesco, y son personas que viven en unidad económica y comparten gastos. Los gastos de la casa incluyen: renta, ropa, comida, gastos médicos, y recibos de la luz, de la calefacción, y cosas por el estilo.

Para solicitar las comidas gratis o a precios rebajados, por favor llenen esta solicitud lo más pronto posible, fírmenla y devuélvanla a la escuela. Por favor, contesten todas las preguntas en este formulario. Si la solicitud no tiene la siguiente información, no será aceptada por la escuela:

Para recipientes de Estampillas para Alimentos o AFDC, llenen solamente la sección A y la sección C:

Sección A:
1. Escriban los nombres de los niños elegibles para Estampillas para Alimentos o AFDC que asisten a las escuelas en el Distrito Escolar de _____; y
2. Escriban el número del caso AFDC o de Estampillas.
3. Pasar a la sección C y firmar la solicitud (miembro adulto de la casa).

Para los que tienen ingresos que reportar (salarios, retiro, Seguridad Social, etc.), llene solamente la Sección B y la Sección C:

Sección B:
1. Contesten la pregunta: ¿Es esta solicitud para un niño depositado bajo su cuidado y custodia? Si la respuesta es "Sí," vean la sección "Niño Depositado Bajo su Cuidado y Custodia /o "Niño Institucionalizado" antes de completar la solicitud.
2. Escriban los nombres de los niños en su casa que asisten al Distrito Escolar de _____ y las escuelas a las que asisten.
3. Escriban los nombres de otros niños en su casa que no asisten a la escuela.
4. Escriban los nombres de todos los adultos en su casa (mayores de 21 años) y cualquier otro que ayude económicamente en su casa, y sus ingresos y procedencia de los ingresos. Escriban el número de la Seguridad Social de la persona que es el principal sostén económico de la casa, o el de la que firma esta solicitud. Si no tiene número de la Seguridad Social, escriban "ninguno."
5. Ingreso mensual total de todos en la casa.
6. Escriban el número de todos los niños y los adultos en su casa.

Sección C:
7. Un adulto de la casa tiene que firmar la solicitud.

BREAKFAST AND LUNCH PROGRAM GUIDELINES, con't

For foster or institutionalized children, if the child is non-AFDC, complete sections B and C only.

Section B:
1. Answer yes to the question: "Is this application for a foster child?" If a child is living with relatives or friends, and is not a ward of the court, the entire Section B should be completed as an "income household" with all household members listed. **Use only one application per institutionalized or foster child** that is the legal responsibility of the welfare agency or the court.
2. Write the name of the institutionalized or foster child's school, grade and track assignment.
3. Report the child's personal use income and how often it is received (such as weekly, every two weeks or monthly). Write "0" if the child has no income.

Section C:
4. Sign the application (foster parent or agency official).

For all applicants, complete Section D voluntarily:

Section D: Racial/Ethnic Data Collection: Check the appropriate racial/ethnic category for the child or children on the application. Completion of this section is **voluntary**.

Verification: The information on the application may be checked by school officials at any time during the school year. You may be asked to send information to prove your income or current eligibility for Food Stamps or AFDC. Refer to Section C on the application for a more detailed explanation.

Reporting Changes: If your child is approved for free or reduced-price meals, you must tell the school when your household income increases by more than $__ per month ($__ per year) or when your household becomes smaller. Also, if you list a food stamp or AFDC case number, you must tell the school when you no longer receive food stamps or AFDC.

Apply for Benefits: You may apply for benefits at any time during the school year. If you are not eligible now, but your income goes down, you lose your job or your family size increases, you may complete an application at that time.

Non-discrimination: Children who receive free or reduced-price meals must be treated in the same manner as those children who pay full price for their meals. In child nutrition programs, no child may be discriminated against because of race, sex, color, national origin, age or handicap. If you believe there has been discrimination against your child, write immediately to the Secretary of Agriculture, Washington, D.C. 20250.

Fair Hearing: If you do not agree with the school's decision on your application or the result of verification, you may wish to discuss it with the school. You also have the right to a fair hearing. This can be done by calling or writing the following school official _____, Assistant Superintendent, Business Services, (address) _____, (phone) _____.

Confidentiality: The information you give to the school will not be given to anyone who is not part of the schools' food program. The information will be used only to decide if your children receive free or reduced-price meals and to verify eligibility.

The Child Nutrition Services office will honor last year's approved application for free and reduced-price meals only until _____, which will allow families time to complete a current year application. **After this date, students without an approved current year application will not be eligible to participate.**

If you have any questions, or need help in filling out the application, please contact your school secretary. You will be told by the school whether your application is approved or denied.

Para "Niños Depositados Bajo su Cuidado y Custodia" /o "Niños Institucionalizados," si el niño no está en el programa AFDC, llenen solamente la Sección B y la Sección C.

Sección B:
1. Contesten "Sí" a la pregunta: ¿Es esta solicitud para un niño depositado bajo su cuidado y custodia? Si se trata de un niño que vive con familiares o amigos sin estar bajo la protección de un tribunal, llenen toda la Sección B con los datos de todas las personas que viven en la casa. Llenen una solicitud por cada niño que vive en una institución o casa ajena depositado bajo su cuidado bajo la tutela legal de una dependencia de asistencia pública o de un tribunal.
2. Escriban el nombre del niño depositado bajo su cuidado y custodia/institutionalizado, la escuela donde asiste, grado y horario.
3. Escriban la cantidad de dinero que el niño recibe para uso personal y con qué frecuencia lo recibe. Si no tiene ingresos, escriba "0".

Sección C:
4. Firme la solicitud (tutor u oficial de la agencia).

Para toda solicitud, llenen solamente la Sección D de manera voluntaria:

Sección D: Colección de Información Racial/Etnica: Marquen la categoría racial/étnica apropiada para el niño (los niños) en la aplicación. Esta información es voluntaria.

Verificación: La información proporcionada puede ser revisada por la escuela en cualquier momento durante el año académico. Se les puede pedir que envíen datos para verificar sus ingresos o constatar que actualmente tienen derecho a recibir Estampillas para Alimentos o Ayuda a Familias con Hijos Dependientes. Consulten la Sección C de la solicitud para mayores informes.

Reportar Cambios: Si su niño/a es aprobado para recibir los beneficios de alimentos gratis o a precio reducido, Uds. deben comunicarse con la escuela cuando la familia tenga un aumento mayor de $___ por mes en el ingreso familiar ($___ por año), o cuando haya disminución en el número de miembros de la familia. También si ustedes indicaron un número de expediente (caso) de Estampillas para Alimentos o de AFDC, tienen que notificar a la escuela si ya no reciben estos beneficios.

Solicitar Beneficios: Uds. pueden solicitar beneficios en cualquier momento durante el año académico. Si Uds. no son elegibles ahora, pero sus ingresos disminuyen, pierden su trabajo, o el tamaño de su familia aumenta, Uds. pueden rellenar una solicitud entonces.

No Hay Discriminación: Los niños/as que reciben beneficios de alimentos, son tratados de igual manera que aquéllos que pagan el precio regular. En los programas de alimentos ningún niño/a puede ser discriminado/a por su raza, sexo, color, origen nacional, edad o incapacidad. Si ustedes creen que a su hijo se le ha discriminado, escriban de inmediato al Secretario de Agricultura en Washington, D.C. 20250.

Audiencia: Si Uds. no están de acuerdo con la decisión de la escuela tocante a la solicitud o al resultado de la verificación, puede ser que deseen tratar el asunto con la escuela. Uds. también tienen el derecho a una audiencia. Esto puede hacerse llamando o escribiendo a la siguiente autoridad escolar: _____, Asistente del Superintendente, Servicios de Negocios, (dirección) _____, (teléfono) _____.

Confidencialidad: La información que Uds. proporcionan a la escuela no será dada a nadie que no sea parte integrante del programa de alimentos escolares. La información será utilizada por aquellas personas autorizadas en la escuela sólo para decidir si sus hijos/as recibirán alimentos gratis o a precios rebajados, o bien para verificar que reúne los requisitos correspondientes.

Su solicitud aprobada del año pasado será aceptada para comidas gratuitas o a precio reducido sólo hasta el _____. Mientras tanto, ustedes podrán llenar una nueva solicitud para el presente año escolar. **Después de esta fecha, estudiantes sin una solicitud actual aprobada no serán elegibles para participar en el programa.**

Si Uds. tienen alguna pregunta, o necesitan ayuda para rellenar la solicitud, por favor comuníquense con la secretaria de la escuela. Los de la escuela le dirán si su solicitud es aprobada o no.

APPLICATION FOR FREE AND REDUCED-PRICE MEALS

_____ School District

FOR SCHOOL USE - Eligibility Determination:
FS ____ AFDC ____ HOUSEHOLD SIZE ____ MONTHLY INCOME _____
Free Meals _____ Reduced-Price Meals _____ Denied _____
YRE Track _____ Determining Official _____ Date _____

Application for Free and Reduced-price Meals ____ - ____
One Application per Family

Complete, sign and return this application to the school. If you need help with this form, please contact the school. Also, please refer to the Breakfast and Lunch Program Guidelines for additional information and instructions.

Section A: Food Stamp or AFDC Households Only
1. List the names of the children eligible for Food Stamps or AFDC that attend school in the _____ School District.

Last	First	School	Grade	Track

2. Write the Food Stamp or AFDC case number:
   Food Stamp case number _____ AFDC case number _____
3. Go to **Section C** and **Sign** the application.

Section B: All Other Households
1. Is this request for a foster child? ☐ Yes ☐ No (Use one form per child.)
   What is the foster child's monthly personal income? _____
2. Write the names of the children in your household who do not receive Food Stamps or AFDC.

Last	First	School	Grade	Track

3. Write the names of the other children in your household **not** in school:

Last	First	Last	First

4. List the names of all adults in the household and their income by source. Write the names of those 21 years or older, plus anyone else with income in the household regardless of age. Write the Social Security number of the adult who earns the most or the adult who signs this application **or mark (ø) to indicate they have no Social Security number.**

Names of Adults in Household and Anyone who Supports the Household Last First	Social Security Number	Monthly Total Earnings from Work (Before Deductions) Include All Jobs	Monthly Social Security/ Pensions/ Retirement Disability	Monthly Unemployment Workers' Compensation/ Strike Benefits	Monthly Welfare (AFDC) Child Support/ Alimony Payments	All Other Monthly Income
		$	$	$	$	$
		$	$	$	$	$
		$	$	$	$	$
		$	$	$	$	$
		$	$	$	$	$

APPLICATION FOR FREE AND REDUCED-PRICE MEALS

Distrito Escolar de _____

```
FOR SCHOOL USE - Eligibility Determination:
FS ____  AFDC ____  HOUSEHOLD SIZE ____  MONTHLY INCOME _____
Free Meals _____   Reduced-Price Meals _____   Denied _____
YRE Track _____    Determining Official _____   Date _____
```

Solicitud para Obtener Alimentos en la Escuela Gratis y a Precio Reducido
Una Solicitud por Familia

Para solicitar alimentos gratis y a precio reducido, llene, firme, y devuelva esta solicitud a la escuela. Si usted necesita ayuda para llenar este impreso comuníquese con la escuela. Por favor también consulte las reglas del Programa de Desayuno y Almuerzo para obtener información adicional e instrucciones.

Sección A: <u>Sólo Recipientes de Estampillas o de Ayuda AFDC</u>
1. Escriba los nombres de los niños elegibles de obtener estampillas para alimentos o ayuda AFDC que asisten a las escuelas del Distrito Escolar de _____.

   Apellido   Nombre de Pila   Escuela   Grado   Horario
   _____
   _____
   _____

2. Escriba el número del caso AFDC o de estampillas:
   Número del caso de estampillas _____   Número del caso de AFDC _____
3. Pase a la **Sección C** y **firme** la solicitud.

Sección B: <u>Demás Familias</u>
1. ¿Es esta solicitud para un niño depositado bajo su cuidado y custodia?   ☐ Sí   ☐ No   (Llene un formulario para cada niño.)
   Si el niño tiene ingresos personales, ¿cuánto recibe al mes? _____
2. Escriba los nombres de los niños en su casa que no reciben estampillas para alimentos o AFDC.

   Apellido   Nombre de Pila   Escuela   Grado   Horario
   _____

3. Escriba los nombres de otros niños en su casa que no asisten a la escuela:

   Apellido   Nombre de Pila   Apellido   Nombre de Pila
   _____

4. Escriba los nombres de todos los adultos en su casa y sus ingresos indicando su origen. Escriba los nombres de todas las personas que tengan 21 años o más, y de cualquier otra persona que tenga ingresos económicos sin importar la edad. Escriba el número de la Seguridad Social del adulto que gana más o que firma esta solicitud o **marque (ø) para indicar que no tiene un número de la Seguridad Social.**

Nombre de los Adultos en la Casa y de Cualquiera que Ayude Económicamente Apellido Nombre	Número de la Seguridad Social	Ganancia Mensual de su Trabajo (Antes de las Deducciones) (Todos los Trabajos)	Ingreso Mensual de la Seguridad Social/ Retiro/ Jubilación por Incapacidad	Ingreso Mensual de Desempleo, Compensación por Accidente, Beneficios de Huelga	Ingreso Mensual por Beneficencia (Welfare) Mantenimiento de los Hijos, Pensión de Divorcio	Otros Ingresos Mensuales (Especifique)
_____	_____	$ _____	$ _____	$ _____	$ _____	$ _____
_____	_____	$ _____	$ _____	$ _____	$ _____	$ _____
_____	_____	$ _____	$ _____	$ _____	$ _____	$ _____
_____	_____	$ _____	$ _____	$ _____	$ _____	$ _____
_____	_____	$ _____	$ _____	$ _____	$ _____	$ _____

APPLICATION FOR FREE AND REDUCED-PRICE MEALS, page 2

5. Write the **Total** monthly household income: $ _____
6. Household size: Children (under age 21) _____ Adults (age 21 and over) _____
   Total number in household: _____
7. Go to **Section C** and **Sign** the application.

Section C: <u>All Applicant Households</u> - Read and sign below.

Education Code Regulations Regarding Discrimination
- **No child may be discriminated against because of race, sex, color, national origin, age or handicap.**
- **Applications for free and reduced-price meals may be submitted at any time during the school year.**
- **Children participating in the National School Lunch Program will not be overtly identified by the use of special tokens, special tickets, special serving lines, separate entrances, separate dining areas or by any other means.**

The National School Lunch Act requires that you must include a Social Security number on the application unless your children's Food Stamp or AFDC case number is provided. This may be either the Social Security number of the parent or guardian who is the primary wage earner or the Social Security number of the adult household member signing the application, or an indication that neither household member possesses a Social Security number. You do not have to give the Social Security numbers. However, if you have a number and refuse to list it, your child cannot receive free or reduced-price meals. This notice must be brought to the attention of the adult whose Social Security number is disclosed. During verification, the Social Security numbers of all adult household members may be requested to confirm the information provided. Verification may include conducting audits, program reviews or investigations, contacting employers to determine income, or contacting Food Stamp or Welfare Offices to determine benefits. If incorrect information is discovered, it may result in a loss of benefits or legal action.

I understand that all of the information on this form is true and correct. I certify that the Food Stamp number or AFDC number is correct and that all income is reported. I understand that this information is being given for the receipt of federal funds; that school officials may verify the information on the application; and that deliberate misrepresentation of the information may subject me to prosecution under applicable state and federal laws.

Signature of Adult Household Member: _____ **Date:** _____
Mailing Address: _____ **City:** _____ **State:** _____ **Zip:** _____
Home Phone: _____ **Work Phone:** _____

Section D: Check the Racial/Ethnic Data (Voluntary):
☐ American Indian or Alaskan Native ☐ Hispanic ☐ Asian or Pacific Islander
☐ Black (not of Hispanic origin) ☐ White (not of Hispanic origin)

5. Ingreso mensual de **todos** en la casa: $_____
6. Miembros en la familia: Niños (de menos de 21) ____ Adultos ____ (más de 21 años)
   Número total de miembros en la familia: _____
7. Regrese a la **Sección C** y **firme** la solicitud.

Sección C: Toda Familia que Presenta esta Solicitud Tiene que Leer y Firmar la Sección C.

Reglas del Código de la Educación en Materia de Discriminación
- **No se permite la discriminación a ningún niño por motivo de su raza, sexo, color, origen nacional o incapacidad.**
- **Las solicitudes para alimentos gratis/precio reducido pueden hacerse y entregarse en cualquier momento durante el año escolar.**
- **Los niños que participan en el Programa Nacional de Comidas Escolares no serán identificados mediante el uso de fichas especiales, boletos especiales, líneas especiales para servirles, entradas separadas, áreas del comedor separadas o de ninguna otra manera.**

A menos que se indique en esta solicitud el número del expediente de su hijo para la obtención de Estampillas para Alimentos o Ayuda a Familias con Hijos Dependientes (AFDC), la **Ley Nacional Sobre Almuerzos Escolares** exige que la solicitud incluya un número de la Seguridad Social. Se puede anotar el número de la Seguridad Social del padre, madre o tutor que sea el principal sostén económico de la casa, o el número de la persona que firma la solicitud o una indicación de que nadie en la casa tiene número de la Seguridad Social. No es obligatorio dar los números de la Seguridad Social, pero si tiene un número y se niega a anotarlo, su hijo no podrá recibir alimentos gratis o a precio reducido. Se le tiene que informar el contenido de este aviso a la persona cuyo número de la Seguridad Social se anota. Durante la verificación de la solicitud, se podrá pedir los números de la Seguridad Social de todas las personas adultas de la casa, a fin de confirmar los datos señalados en la solicitud. Dicha verificación podrá incluir auditorías, repasos de programa, investigaciones, comunicación con los patrones para determinar ingresos y comunicación con las dependencias encargadas de Estampillas para Alimentos o Asistencia Pública para determinar beneficios. El descubrimiento de datos incorrectos podría resultar en la suspensión de los beneficios del programa o en medidas judiciales.

Yo entiendo que toda la información dada en este impreso es verídica y correcta. Hago constar que el número correspondiente a Estampillas para Alimentos o a Ayuda a Familias con Hijos Dependientes (AFDC) es el correcto y que todos los ingresos han sido reportados. Yo entiendo que esta información se está dando para recibir fondos federales; que los oficiales escolares pueden verificar la información dada en esta solicitud; y que un engaño intencional en la información puede ocasionarme un proceso judicial de acuerdo a las leyes federales y estatales.

Firma de un Miembro Adulto de la Familia: _____ Fecha: _____
Dirección: _____ Ciudad: _____ Estado: ____ Código Postal: _____
Teléfono de Casa: _____ Teléfono del Trabajo: _____

Sección D: Marque la Información Racial/Étnica (Voluntario):
- ☐ Indio americano o nativo de Alaska
- ☐ Hispánico
- ☐ Asiático o de islas del Pacífico
- ☐ Negro (no de origen hispano)
- ☐ Blanco (no de origen hispano)

FREE OR REDUCED-PRICE MEALS - APPROVAL OR DENIAL

Dear Parents or Guardians: Date:_____

Your application for free and reduced-price meals for your child(ren) has been:

    _____   Approved for free meals.

    _____   Approved for reduced-price meals at _____ for _____ breakfast _____ lunch.

    _____   The above approval is only temporary through_____.
                   Ten days before the expiration date, the school will send you another application to complete in order that your eligibility may be reconsidered.

    _____   Denied for the following reason(s):

                _____   Income is more than the allowable amount.

                _____   Application does not have enough information. The following information must be given:

                              _____

                              _____

    _____   Other: _____

This decision is based on your reporting a total household income of $_____, and a total household size of _____.

If you want to talk to someone about this decision, you can call your child's school.

If you want to ask for a fair hearing, you may call or write:
_____.

If your child is approved for meal benefits, you must notify the school when your household income goes up by more than $_____ per month ($_____ per year) or when your household size goes down.

You can reapply for free or reduced-price meals at any time during the school year. If you are not eligible now but your income goes down, you lose your job, or your family size gets larger, you may apply at that time.

                                                     Sincerely,

                                                     _____
                                                     Principal

In the operation of child nutrition programs, no child will be discriminated against because of race, sex, color, national origin, age, or handicap. If you believe you have been discriminated against, write immediately to the Secretary of Agriculture, Washington D. C. 20250.

FREE OR REDUCED-PRICE MEALS - APPROVAL OR DENIAL

Estimados Padres o Tutores: Fecha: _____

Su solicitud para recibir comidas gratis y a precio reducido para su(s) hijo(s) ha sido:

    _____   Aprobada para comidas gratis.

    _____   Aprobada para comidas a precio reducido de _____ por el _____ desayuno _____ almuerzo.

    _____   La aprobación es solamente temporal hasta _____.
Diez días antes de la fecha de vencimiento, la escuela le mandará otra solicitud para que la llene con el fin de considerar de nuevo su elegibilidad.

    _____   Rehusada por la(s) siguiente(s) razón(es):

              _____   Los ingresos son superiores a la cantidad permitida.

              _____   La solicitud no tiene suficiente información. La siguiente información debe darse:

                      _____

                      _____

              _____   Otra razón: _____

Esta decisión se basa en que usted reporta un ingreso total de todos en su casa en la cantidad de _____, y en un número total de _____ miembros de la familia.

Si usted desea hablar con alguien acerca de esta decisión, puede llamar a la escuela de su(s) niño(s).

Si usted desea pedir una audiencia, puede llamar o escribir a:
_____

Si su niño es aprobado para recibir los beneficios de las comidas, usted debe informar a la escuela cuando el ingreso total de su hogar aumente en más de $_____ al mes ($_____ al año) o cuando se reduzca el número de miembros del hogar.

Usted puede hacer otra solicitud para comidas gratis o de precio reducido en cualquier momento durante el año escolar. Si ahora no califica, podrá presentar otra solicitud si disminuyen sus ingresos, pierde su empleo, o aumenta el tamaño de su familia.

                                                    Atentamente,

                                                   _____
                                                   Director(a)

En los programas de alimentación para niños, ningún alumno será discriminado por motivo de raza, sexo, color, país de origen, edad, o impedimentos físicos. Si usted piensa que ha sido discriminado, escriba inmediatamente al Secretario de Agricultura, Washington, D. C. 20250.

SCHOOL MEALS - PRICE INCREASE

Date: _____

Dear Parents or Guardians,

For many years the district has been providing students with the opportunity to purchase low-cost, nutritious meals at school. Although we are proud of the high quality of our breakfasts and lunches, we have always looked for ways to make them even better.

Over the years, the prices of our school meals have remained low. However, each year it costs us more and more to provide the program. Costs beyond our control include: (1) increasing price of food we purchase, (2) the need to meet higher nutritional guidelines such as lowering the fat content of meals, (3) increased labor costs, and (4) increasing government regulations that require more record keeping. In order to continue providing nutritious meals, we are forced to make a small price increase of _____ per meal, with a _____ increase on reduced-price meals. Beginning _____, prices for school meals will be: _____ and _____ for reduced-price meals.

Please note: A discount of _____ per lunch is given when you pay in advance for _____ or more meals per student. Ask your school office for more information about this discount.

We would like to thank you for your continued support of our school nutrition program. We encourage you to join your child for lunch and try the program for yourself. Please call your school office on the morning of the day you plan to come for lunch to be sure we will have food and seating for you. If you have questions or comments about the nutrition program, please call me at _____ between _____ and _____, Monday through Friday. I look forward to talking with you.

Sincerely,

_____
Nutrition Director

Fecha: _____

Estimados Padres o Tutores,

Por muchos años, el distrito escolar ha puesto a disposición de los estudiantes la oportunidad de comprar, a bajos precios, nutritivas comidas en la escuela. A pesar de que estamos orgullosos de la alta calidad de nuestros desayunos y almuerzos, siempre hemos buscado la manera de mejorarlos.

A través de los años, los precios de nuestras comidas han permanecido bajos. Sin embargo, cada año nos cuesta más y más poder continuar el programa. Costos que no podemos controlar incluyen: (1) aumentos en los precios de la comida que compramos, (2) la necesidad de seguir nuevas guías de nutrición, tales como la reducción del contenido de grasa en los alimentos, (3) aumento en costos de mano de obra, (4) aumentos en regulaciones gubernamentales que requieren más tiempo para llevar un control. Para continuar sirviendo comidas nutritivas, nos vemos forzados a hacer un pequeño aumento de _____ por comida, con _____ de aumento en las comidas de precio reducido. Empezando el día _____ de _____, éstos serán los precios de las comidas: _____ y _____ para las comidas de precio reducido.

Por favor anoten: Un descuento de _____ por almuerzo será concedido cuando paguen por adelantado por _____ o más comidas por estudiante. Para más información sobre este descuento hablen con la secretaria de la escuela.

Queremos darles las gracias por el continuo apoyo que le han dado a nuestro programa de nutrición escolar. También queremos animarlos para que vengan a almorzar con sus niños y prueben las comidas de nuestro programa. Por favor llamen a la oficina de la escuela por la mañana el día que deseen venir a almorzar con sus niños para asegurarnos de que tengamos suficiente comida y lugar para acomodarlos. Si tienen alguna pregunta o comentario sobre el programa de nutrición, por favor háblenme al número _____ de _____ a _____, de lunes a viernes. Espero con gusto sus llamadas.

Atentamente,

_____
Director(a) de Nutrición

PREPAID LUNCHES

Date: _____

Dear Parents or Guardians:

Re: <u>Prepaid Lunches</u>

We are pleased to announce that _____ School, in conjunction with the Food Services Department, will be offering a prepaid lunch program this year for all students. Lunch prices are _____ for full price and _____ for reduced price.

The process will be as follows:

1. <u>Each morning from 7:30 to 9:00 a.m.</u> the office will accept **cash only** (exact amount) for one week or more of prepaid lunches. Please do not take or send money to the classroom.

2. The money should be placed in a <u>sealed envelope</u> (envelopes available in school office) with the student's name, amount of cash enclosed and lunch number written on the front. Please be sure to list <u>all</u> the data for each child on the envelope.

3. The cafeteria will keep track of the number of meals purchased and the dates they are used.

4. The child who has prepaid lunch will give the cafeteria worker at the register his/her lunch number and will receive a lunch.

We hope this service will answer a need that has existed for some time. If you participate in the program, it should greatly reduce the number of students who lose or forget their lunch money.

<u>Neither the school office nor the cafeteria will have
money available to loan.</u>

Sincerely,

_____
Principal

Fecha: _____

Estimados Padres o Tutores:

    Asunto: <u>Almuerzos Pagados por Adelantado</u>

Tenemos el gusto de informarles que la Escuela _____, en coordinación con el departamento de Servicios de Alimentos, estará ofreciendo este año escolar a todos los estudiantes un programa de almuerzos pagados por adelantado. Los precios son _____ precio completo y _____ precio reducido.

<u>El procedimiento es el siguiente:</u>

1. <u>Todas las mañanas de 7:30 a 9:00</u> la oficina aceptará **únicamente dinero en efectivo** (cantidad exacta) como pago por adelantado de una o más semanas de almuerzos. Favor de no llevar o mandar el dinero al salón de clases.

2. El dinero debe ponerse en un <u>sobre cerrado</u> (tenemos sobres disponibles en la oficina) con el nombre del estudiante, cantidad de dinero y el número de tarjeta del almuerzo del estudiante escrito en la parte de enfrente del sobre. Asegúrense, por favor, de incluir en el sobre <u>toda</u> la información de cada niño.

3. Es personal de la cafetería llevará un control de los almuerzos pagados por adelantado y fechas en que estos almuerzos fueron recibidos por el estudiante.

4. El estudiante que ha comprado almuerzos por adelantado le dará a la cajera de la cafetería el número de su tarjeta de almuerzos y recibirá su comida.

Esperamos que este servicio satisfaga la necesidad que ha estado presente desde hace algún tiempo. Si ustedes participan en este programa, ayudarán a reducir en gran manera el número de estudiantes que pierden u olvidan el dinero para comprar su almuerzo.

<u>Ni la oficina de la escuela ni la cafetería tendrán dinero para prestar.</u>

Atentamente,

_____
Director(a)

Library

Date: _____

Dear Parents or Guardians:

A school library is a very special place. This is where we share and enjoy books and develop reading habits that will be with us throughout our lives. We allow students to check out books not only to reinforce their studies, but also for enjoyment at home. Your child will be bringing books home on a regular basis. You can help your child by taking an interest in the books he/she brings home, and taking time to listen to him/her read them aloud.

Please help us by protecting and returning the books on time. If a book is lost or damaged while in your care, you will be asked to pay for the book. You can help by providing a safe place at home for the book and a safe way to carry the book between home and school such as a book bag or plastic bag. We will be sharing important book care rules with your child. Please ask your child about these rules and reinforce them at home. As soon as you sign and return the form at the bottom of this letter, your child will be able to borrow library books. Thank you for your cooperation.

Sincerely,

_____
Principal

To be returned by: _____

I accept the responsibility of caring for and returning on time the books my child borrows from the library.

Student: _____

Parent/Guardian: _____

Biblioteca

Fecha: _____

Estimados Padres o Tutores:

Una biblioteca escolar es un lugar muy especial. Es aquí donde compartimos y gozamos de los libros y formamos el hábito de leer que estará con nosotros de por vida. Les permitimos a los niños sacar libros, no sólo para reforzar sus estudios, sino también para que disfruten en casa. Su niño traerá libros a casa regularmente. Ustedes pueden ayudar a su niño mostrándole interés en los libros que trae a casa y pasando tiempo escuchándolo leerlos en voz alta.

Favor de ayudarnos protegiendo y devolviendo los libros a tiempo. Si algún libro es maltratado o extraviado mientras está a su cargo, ustedes tendrán que pagarlo. Ustedes nos pueden ayudar cuidando los libros, tanto en su casa como en el camino de la escuela a casa y de casa a la escuela. Protejan los libros, por ejemplo, con una mochila o bolsa de plástico. Vamos a hablar con sus niños de estos importantes reglamentos del cuidado de los libros. Por favor pregúntenle a su niño sobre estos reglamentos y ayúdenlo a obedecerlos en casa. Tan pronto como ustedes firmen y devuelvan este papel, su niño podrá llevar a casa libros prestados de la biblioteca. Gracias por su cooperación.

Atentamente,

_____
Director(a)

Favor de devolver este impreso para el día _____

Yo acepto la responsabilidad de cuidar y devolver a tiempo los libros que mi niño(a) pida prestados en la biblioteca.

Estudiante: _____

Padre/Tutor: _____

Programs and Placement

MAGNET SCHOOL APPLICATION

Magnet School Application Form

Student Name: _____ _____ _____
                    Last   First   Middle

Sex: ____ M ____ F   Birth Date: _____

Address: _____ _____ ____ _____ _____
         Number   Street   Apt.   City   Zip Code

Name of Parent/Guardian: _____

Home Phone: _____   Work Phone: _____

Present School of Attendance: _____ Track: _____ Grade: _____

My child is eligible for the following services:
   Gifted and Talented ____   Bilingual ____   Special Ed ____

<u>I would like to enroll my child in</u>:

   The Academy of Visual and Performing Arts ____

   The Center for Technology, Science and Math ____

   The _____ Language Academy ____

My track preference is: _____   No preference ____

<u>I will be able to transport my child to and from the magnet site</u>: Yes ____   No ____

<u>My child will need district transportation to and from the magnet site</u>: Yes ____ No ____

Ethnicity: (Please check one)
Hispanic ____   Afro/American ____   White ____
Indo-Chinese ____   Pacific Islander ____   American Indian ____
Asian/E. Indian ____   Vietnamese ____   Filipino ____

Briefly describe your child's interests in the magnet school you are selecting:
_____
_____
_____

Family participation will be strongly encouraged at each magnet site. Students will be expected to become actively involved in all school activities.

Applications must be received at the current school by: _____

MAGNET SCHOOL APPLICATION

Solicitud para la Escuela de Especializaciones

Nombre del Estudiante: _____ _____ _____
                                  Apellido   Nombre de Pila   Segundo Nombre

Sexo: ____ M ____ F   Fecha de Nacimiento: _____

Dirección: _____ _____ _____ _____ _____
          Número   Calle   # de Apto.   Ciudad   Código Postal

Nombre del Padre/Tutor: _____

Teléfono de Casa: _____ Teléfono del Trabajo: _____

Escuela de Asistencia Actual: _____ Horario: _____ Grado: _____

Mi hijo/a es elegible para estos programas:
    Educación para Dotados y Talentosos ____   Bilingüe ____   Ed. Especial ____

Me gustaría matricular a mi hijo/a en:

    La Academia de Artes Visuales e Interpretativas ____

    El Centro de Tecnología, Ciencias y Matemáticas ____

    La Academia del Lenguaje _____ ____

Preferencia de Horario: _____   No preferencia ____

Podré llevar a mi hijo/a a y desde la escuela de especializaciones: ____ Sí ____ No

Mi hijo/a necesitará transporte: ____ Sí ____ No

Etnia: (Favor de marcar una)
Hispano ____   Afroamericano ____   Blanco ____
Indochino ____   Isleño del Pacífico ____   Indio americano ____
East Indian/Asiático ____   Vietnamita ____   Filipino ____

Describa brevemente los intereses de su hijo/a en el área de estudio de la escuela de especializaciones que usted ha escogido:
_____
_____
_____

Se alentará a los padres a que participen en programas de la escuela de especializaciones. También se espera que los estudiantes participen activamente en todas las actividades escolares.

Debe devolver las solicitudes a la escuela de residencia para el: _____

Learning Assistance Program

Date: _____

Dear Parents or Guardians:

_____ School has developed several educational programs to ensure the success of its students. Some children, from time to time, benefit from individual or small group instruction to keep them at grade level. Your child is now receiving special help through our Learning Assistance Program in the following areas:

_____
_____
_____

This program is not a Special Education class, but does provide your child with opportunities to receive additional help during school hours.

For your child to benefit from this program, he (she) needs to be in school every day. If a third of the lessons are missed, there is a possibility that he (she) will no longer be able to participate in this valuable program.

Please contact me if you would like detailed information about your child's progress.

Sincerely,

_____
Teacher

Programa de Asistencia de Aprendizaje

Fecha: _____

Estimados Padres o Tutores:

La escuela _____ ha desarrollado varios programas educativos para asegurar el éxito de los alumnos. Algunos alumnos, de vez en cuando, necesitan de instrucción individual, o en pequeños grupos, para mantenerse al nivel de su grado. Su hijo(a) está ahora recibiendo ayuda adicional en el programa de Asistencia de Aprendizaje en las siguientes asignaturas.

_____
_____
_____

Este programa no es una clase de Educación Especial pero le da a su hijo(a) la oportunidad de recibir adicional ayuda durante las horas de escuela.

Para que él (ella) se beneficie de este programa, necesita venir a la escuela todos los días. Si él (ella) falta una tercera parte de las sesiones, existe la posibilidad de que no pueda seguir participando en este valioso programa.

Por favor, pónganse en contacto conmigo si ustedes quieren obtener detallada información del progreso de su hijo(a).

Atentamente,

_____
Maestro(a) del Programa

CHAPTER ONE QUALIFICATION

Date: _____

Dear Parents or Guardians of _____,

This letter is to inform you that your child qualifies for our Chapter 1 program in:

____ **reading**

____ **mathematics**

____ **reading and mathematics**

Qualification for Chapter 1 is based on student performance on a standardized test and teacher evaluation of student progress in class.

This special program provides individual and small group supplemental assistance to students in those areas in which they qualify. Typical Chapter 1 program activities include tutoring, using special materials, practice exercises, computer assisted instruction and direct reinforcement teaching. It is the goal of the program to assist students in learning basic and advanced skills so that they can be successful with grade level materials.

If you have any further questions, please contact your child's teacher.

Sincerely,

_____
Chapter 1 Teacher

Fecha: _____

Estimados Padres o Tutores de _____,

Esta carta es para informarles que su niño/a reune las condiciones necesarias para ser parte de nuestro Programa "Capítulo Uno" en:

____   **lectura**

____   **matemáticas**

____   **lectura y matemáticas**

El poder participar en el Programa del "Capítulo Uno" se basa en los resultados de un examen estandarizado y en la evaluación del maestro/a sobre el progreso del estudiante en clase.

Este programa especial provee asistencia adicional, individual y en grupos pequeños, a los estudiantes en esas áreas en que ellos deban participar. Los actividades típicas del programa "Capítulo Uno" incluyen uso de tutores, materias especiales, ejercicios de práctica, instrucción asistida por la computadora, y enseñanza para reforzar lo aprendido. Es el propósito del programa ayudar a los estudiantes a aprender habilidades básicas y avanzadas de modo que ellos puedan tener éxito con materias al nivel de su grado.

Si Uds. tienen cualquier pregunta adicional, por favor llamen al maestro/a de su niño.

Atentamente,

_____
El/La Maestro/a de "Capítulo Uno"

Language, Speech and Hearing Survey

Adequate use of oral language is fundamental to participation in the school curriculum. Difficulty with language, speech or hearing often makes reading-readiness skills difficult for a child and can affect the learning of reading and writing. For this reason, the language and speech skills of students enrolling in our district are important. The following information is very valuable to us. Please take a few moments to complete this form and return it to school tomorrow.

Child's Name: _____ Parent's Name: _____

Age: _____ Birth Date: _____ Grade: _____ School: _____

Check any of the following which consistently apply to your child.

Speech and Language

___ 1. Always quiet.
___ 2. Very verbal, but seldom makes much sense.
___ 3. Difficulty understanding, following or remembering verbal directions.
___ 4. Difficulty expressing one's ideas.
___ 5. Mispronunciation of sounds.
___ 6. Voice difficulty; excessive nasality, hoarse quality.
___ 7. Fluency or stuttering difficulty.
___ 8. Hearing difficulty.
___ 9. Received speech therapy previously.
   When? _____ Where? _____

Hearing

___ 1. Ear infections. If yes, please explain: _____

___ 2. Frequent earaches. If yes, please explain: _____

___ 3. Frequent colds and stuffy nose. If yes, please explain: _____

___ 4. Medically confirmed hearing loss. If yes, please explain: _____

   Seen by Dr. _____

_____   _____
Date   Signature of Parent or Guardian

Encuesta de Lenguaje, Habla, y Capacidad de Oír

El uso adecuado del lenguaje oral es fundamental para poder participar en el curso de estudio en cualquier escuela. Las dificultades con el lenguaje, el habla, o el oír muchas veces dificulta la capacidad de leer en el niño y puede afectar el aprendizaje del lenguaje escrito y leído. Por esta razón, las habilidades de lenguaje y habla de los estudiantes que se están matriculando en nuestro distrito son muy importantes. La información en este impreso es muy importante para nosotros y puede beneficiar mucho a su hijo. Por favor rellene este impreso y devuélvalo a la escuela mañana.

Nombre del Niño/a _____ Nombre del Padre _____

Edad: ____ Fecha de Nacimiento: _____ Grado: ____ Escuela: _____

Marque todos los puntos siguientes que regularmente son pertinentes en lo que se refiere a su hijo/a:

Lenguaje y Habla

___ 1. Siempre callado.
___ 2. Muy hablador/a, pero pocas veces se le entiende.
___ 3. Dificultad en entender, seguir o recordar instrucciones dadas oralmente.
___ 4. Dificultad en expresar sus propias ideas.
___ 5. Mala pronunciación de sonidos.
___ 6. Dificultad con su voz, ej. sonidos nasales excesivos, hablar ronco.
___ 7. Dificultad en fluidez de expresión o tartamudea.
___ 8. Dificultad en el oír.
___ 9. Recibió terapia de habla anteriormente.
   ¿Cuándo? _____ ¿Dónde? _____

Oído

___ 1. Infecciones del oído. Si es sí, por favor explique: _____

___ 2. Dolores de oído frecuentes. Si es sí, por favor explique: _____

___ 3. Catarros/gripes frecuentes. Si es sí, por favor explique: _____

___ 4. Pérdida de la capacidad de oír confirmada por un médico. Si es sí, por favor explique: _____

Visto por el Dr. _____

_____   _____
Fecha   Firma del Padre o Tutor

BILINGUAL EDUCATION PROGRAM

Date: _____

Dear Parents or Guardians:

We welcome your child to the new school year, and hope it is a happy and successful one.

A new program is being implemented this year in your child's room. Present state legislation requires that we teach the basic skills to Spanish-speaking students in their native language as well as in English. The purpose of this program is to make school more successful for these children. We are also offering the fluent English-speaking students an opportunity to develop listening and speaking skills in Spanish. This, of course, is in addition to their regular program of basic instruction in English which will continue as usual.

This is a wonderful opportunity for your child, if he/she is basically Spanish-speaking, to have his/her needs met in an educationally appropriate way. If your child is a fluent speaker of English, then he/she will have the opportunity to learn Spanish as an enrichment activity.

Since parental approval is required for participation, we ask that you please sign and return this form by _____.

Sincerely,

_____
Principal

I approve _____ do not approve _____ of my child's participation in the Bilingual Education program.

_____ _____
Name of Child   Date

_____ _____
Grade   Signature of Parent or Guardian

BILINGUAL EDUCATION PROGRAM

Fecha: _____

Estimados Padres o Tutores:

Le damos la bienvenida a su niño/a al nuevo año escolar y esperamos que sea un año agradable y lleno de éxito.

Vamos a empezar un nuevo programa en la clase de su niño/a este año. La legislación del estado requiere que a los niños de habla hispana se les imparta la educación básica en su idioma nativo así como en inglés. La intención de este programa es que los alumnos tengan éxito en la escuela. También les estamos ofreciendo a los estudiantes de habla inglesa la oportunidad de que desarrollen la habilidad de escuchar y hablar español. Esto, por supuesto, es además de su programa regular de instrucción básica en inglés, que continuará como siempre.

Esta es una maravillosa oportunidad de que su niño/a, si él/ella es básicamente de habla hispana, sea educado en una manera más apropiada y según sus necesidades. Si su niño/a habla el inglés con soltura, entonces él/ella tendrá la oportunidad de aprender español como actividad de enriquecimiento cultural.

La aprobación de los padres es necesaria para la participación de los niños en este programa. Por favor, llenen el impreso y devuélvanlo ya firmado a la escuela para el _____.

Atentamente,

_____
Director(a)

Doy aprobación _____   No doy aprobación _____   a la participación de mi hijo/a en el programa de Educación Bilingüe.

_____
Nombre del Niño(a)

_____
Fecha

_____
Grado

_____
Firma del Padre o Tutor

BILINGUAL EDUCATION PLACEMENT

To the Parents or Guardians of _____,   Date: _____

    During the recent language dominance testing conducted at the request of the State Department of Education, it was determined that your son/daughter is limited English speaking.

    In compliance with state regulations, your son/daughter is being placed in a Bilingual Education program to provide the opportunity to continue his/her education in the dominant language while learning English.

    The major goal of the bilingual program is to educate your son/daughter and to prepare him/her to become fluent in English at the same level as his/her classmates. While learning English, your child will have the opportunity to continue learning concepts in the subject areas in the language he/she understands best.

    You are invited to come to school and visit the program and to meet and talk with the teacher. You are also encouraged to become active in the Bilingual Advisory Committee which meets regularly at the school.

    Should you not want your child placed in our Bilingual Education program, please notify us in writing to that effect.

                            Sincerely,

                            _____
                            Principal

Please check the appropriate line:

___   I agree to have my child remain in a bilingual class.

___   I do not want my child in a bilingual program. I want my child to be placed in a class which is not bilingual.

___   I would like a conference to discuss the available programs.

Date: _____   _____   _____
                         Student's Name   Parent's Signature

Address: _____   Telephone Number: _____

BILINGUAL EDUCATION PLACEMENT

Para los Padres o Tutores de _____,   Fecha: _____

    Debido al resultado de las pruebas hechas, a petición del Departamento de Educación del Estado sobre el dominio de idiomas, se determinó que su niño/a habla un inglés limitado.

    Para cumplir con los reglamentos del estado, su niño/a estará en un programa de Educación Bilingüe para darle la oportunidad de seguir estudiando diferentes asignaturas en su primer idioma, a la vez que aprende inglés.

    El objetivo principal del programa bilingüe es el de educar a su hijo/a y el de prepararlo/la para que pueda llegar a hablar el inglés con fluidez, al mismo nivel que sus compañeros de clase. Su niño/a tendrá la oportunidad de continuar aprendiendo sus asignaturas en el idioma que entiende mejor.

    Están ustedes cordialmente invitados a visitar la escuela y el programa, y a que conozcan y conversen con el maestro/a. También les animamos a que se hagan miembros activos del Comité Asesor Bilingüe que se reúne regularmente en la escuela.

    Si ustedes no quieren que su niño/a esté en el Programa Bilingüe, favor de notificárnoslo por escrito.

                                 Atentamente,

                                   _____
                                   Director(a)

Favor de marcar la línea correcta:

___ Estoy de acuerdo con la colocación de mi hijo/a en el programa bilingüe.

___ No estoy de acuerdo con la colocación de mi hijo/a en el programa bilingüe y quiero que mi hijo/a esté en una clase no bilingüe.

___ Pido una conferencia para hablar sobre los programas disponibles.

Fecha: _____   _____   _____
                          Nombre del Alumno   Firma del Padre

Domicilio: _____   Teléfono: _____

SPECIAL EDUCATION PLACEMENT

Student Placement Review Meeting Notice
_____ Special Education Region

Date: _____

Dear Parents or Guardians:

You are cordially invited to participate in a meeting to discuss the educational needs and appropriate educational placement of _____ on _____
                   (Student's Name)   (Day)

_____   _____   _____
 (Date)   (Place)   (Time)

An Individualized Education Program (IEP) will be developed if Special Education is deemed appropriate. Your input is considered valuable in arriving at decisions concerning your child's education, so we hope you will make every effort to be present. At this meeting we will:

☐ develop an IEP if appropriate   ☐ review present placement and IEP   ☐ review the present IEP

The following designated (✓) school staff will participate with you in the meeting:

☐ _____   ☐ _____
  Special Education Administrator/Designee   Guidance Specialist/School Counselor

☐ _____   ☐ _____
  Special Education Teacher   Psychologist

☐ _____   ☐ _____
  Regular Classroom Teacher   Vocational Specialist

☐ _____   ☐ _____
  Speech and Language Therapist   Nurse

☐ _____   ☐ _____
  Principal   Other

You are encouraged to bring your son/daughter with you to this meeting. You also have the opportunity to present any relevant information and to bring a representative to this meeting. If an interpreter is needed, you are requested to bring one with you or inform us of your need by telephone. If the above arrangements are inconvenient or if you have any questions, please contact _____ _____.
                                                                     (Name)   (Phone No.)

Sincerely,

_____   _____
Name   Title

_____   _____
School   Address

Parent's Acknowledgement - (check one)

☐ I will attend the meeting.
☐ I will be unable to attend.
☐ I will be unable to attend, but _____ will attend and speak for me.
                                    (Name of Representative for Family)

Signature of Parent/Guardian	Date	After signing return the original to:	Date

SPECIAL EDUCATION PLACEMENT

Aviso de Conferencia Para el Repaso de la Colocación de Un/a Alumno/a
Región de Educación Especial de _____

Fecha: _____

Estimados Padres o Tutores:

Les invitamos cordialmente a asistir y participar en una reunión para discutir las necesidades educativas y la apropiada colocación académica de _____ (Alumno/Alumna) el _____ (Día)

_____ (Fecha)   _____ (Lugar)   _____ (Hora)

Si se decide que su niño/a necesita Educación Especial, un Programa Educativo Individualizado se desarrollará para él/ella. Considerando que sus opiniones son importantes con respecto a la educación de su hijo/a, esperamos que ustedes asistan a la conferencia. Durante la conferencia: ☐ desarrollaremos un Programa Educativo Individualizado si es apropiado   ☐ repasaremos la colocación y el programa Educativo Individualizado actual de su niño/a   ☐ repasaremos el Programa Educativo Individualizado actual

Los siguientes representantes de la escuela (indicados con la marca ✓) participarán con ustedes en la reunión:

☐ El Administrador de Educación Especial o su Representante

☐ Especialista de Orientación/Consejero(a) de la Escuela

☐ Maestro de Educación Especial

☐ Psicólogo(a)

☐ Maestro de la Clase Regular

☐ Especialista de Instrucción Vocacional

☐ Terapista de Comunicación Oral

☐ Enfermera

☐ Director(a)

☐ Participante no Especificado

Les invitamos a que traigan a su hijo/a a esta reunión. También pueden traer a un representante de ustedes, y/o a un intérprete. Si ustedes lo prefieren, nosotros les proporcionaremos un intérprete. Sólo llámenos por teléfono para conseguirlo. Ustedes tendrán la oportunidad de presentar sus opiniones y datos tocantes al asunto. Si estos arreglos no son convenientes o si tienen preguntas, comuníquense con _____ (Nombre) al _____ (Teléfono).

Atentamente,

_____ Nombre   _____ Título

_____ Escuela   _____ Dirección

Respuesta de los Padres del Niño/a - (por favor marquen una)

☐ Asistiremos a la conferencia.
☐ No asistiremos a la conferencia.
☐ No asistiremos a la conferencia, pero mandaremos a _____ (Nombre de su Representante) en nuestro lugar.

Firma del Padre/Tutor	Fecha	Después de firmar, devolver el original a:	Fecha

SPECIAL EDUCATION REEVALUATION

Triennial Reevaluation

To the Parents or Guardians of: _____ Date: _____

    State and federal law require that those students in a Special Education program be reevaluated every three years. Our files indicate that it is time that your child be reevaluated. In order to facilitate this, our team has developed a recommended evaluation plan for your consideration.

    It is our recommendation that this review take place during this school year in order to provide a complete evaluation, including the progress made during this academic year. The results will be reviewed with you during the annual review meeting that will take place in the spring.

    If you or a member of the evaluation team wish to review the results before the annual review meeting, please make your request to the school psychologist.

___ Yes   ___ No   I have reviewed the evaluation plan for the triennial reevaluation and wish that the results be discussed with me in the annual review. I understand that it is possible that this meeting will or will not take place during the time limit of 50 days as stated in the Evaluation Plan.

_____   _____   _____
Signature of Parent/Guardian   Relationship to Student   Date

_____   _____   _____
Signature of Representative   Title   Date

SPECIAL EDUCATION REEVALUATION

Reevaluación Trienal

Para los Padres o Tutores de _____ Fecha _____

    La ley federal y estatal requiere que los alumnos en un programa de Educación Especial sean reevaluados cada tres años. Nuestros archivos indican que su niño/a necesita ser reevaluado durante este año escolar. Para facilitar esto, nuestro equipo ha desarrollado un plan de evaluación recomendado para que ustedes lo estudien.

    Es nuestra recomendación que esta revista se lleve a cabo durante el año escolar para dar una evaluación completa, incluyendo el progreso en este año académico. Los resultados serán revisados con ustedes durante la reunión de revista anual que será en la primavera.

    Si ustedes, o un miembro del equipo de evaluación, desean revisar los resultados antes de la reunión de revista anual, favor de pedirlo al psicólogo/a de la escuela.

___ Sí   ___ No   He revisado el plan de evaluación para la reevaluación trienal y deseo que los resultados sean discutidos conmigo en la reunión de revista anual. Entiendo que es posible que esta reunión se efectuará o no, durante el período de 50 días mencionado en el Plan de Evaluación.

_____   _____   _____
Firma del Padre/Tutor   Parentesco con el Alumno   Fecha

_____   _____   _____
Firma del Representante   Título   Fecha

INTERVENTION TEAM MEETING

Invitation to Parents to Attend an Intervention Team Meeting

Student: _____ **Date:** _____

Dear Parents or Guardians:

Our School Intervention Team is scheduling a meeting to discuss the educational program and/or assessment of your son/daughter _____. This group will make recommendations on how to meet the educational needs of your child. We strongly encourage you to attend this meeting. Since the meeting must take place in accordance with a strict schedule, your promptness in attending will be very much appreciated.

Time: _____ Place: _____ Date: _____

If the time or place indicated above is not convenient for you or if you have any questions, please contact the person indicated below.

_____   _____
Resource Specialist   Telephone

Please return this form with your response tomorrow.

_____ I will attend the meeting for _____.
                                        (Child's Name)

_____ I will not be able to attend this meeting.

                                        _____
                                        Signature of Parent or Guardian

INTERVENTION TEAM MEETING

Invitación a Los Padres para Asistir al Estudio de Evaluación

Nombre del Alumno/a: _____ **Fecha:** _____

Estimados Padres o Tutores:

Nuestro Equipo de Evaluación Escolar se reunirá para discutir el programa educativo de su hijo/a _____. El equipo hará algunas recomendaciones sobre la mejor manera de satisfacer las necesidades educativas de su hijo/a. Es muy importante que ustedes estén presentes en esta reunión. Debido a que esta junta está sujeta a un horario muy estricto, les agradeceremos su puntualidad.

Hora: _____ Lugar: _____ Fecha: _____

Si la hora o el lugar indicado no es conveniente para ustedes o tienen alguna pregunta, favor de comunicarse con la siguiente persona:

_____   _____
Especialista de Aprendizaje   Teléfono

Favor de devolver este impreso a la escuela con su respuesta mañana.

_____ Asistiré a la reunión sobre mi hijo/a _____.
                                            (Nombre de Niño/a)

_____ No asistiré a la reunión.

                                                _____
                                                Firma del Padre o Tutor

INDIVIDUALIZED EDUCATION PLAN - REVIEW

Dear _____ :   Date: _____

This month your child, _____, will have an annual review of his/her Individualized Education PLAN (I.E.P.) with our I.E.P. Team. The purpose of this meet-ing is to review the program plan for your child. The teacher(s) involved with your child, you and I will be in attendance.

This meeting is scheduled for:

    Day and Date: _____

    Time: _____

    Place: _____

We will not have the review without you in attendance, so please fill out the bottom of this form and return it tomorrow.

                                          Sincerely,

                                          _____
                                          Principal

Please return only this part to the school.

    [ ]   I can attend the annual review.

    [ ]   I cannot attend the annual review.

    [ ]   I wish to reschedule.

Comments: _____
_____
_____

_____   _____
Signature of Parent or Guardian   Student's Name

INDIVIDUALIZED EDUCATION PLAN - REVIEW

Estimados _____ :   Fecha: _____

Este mes su niño/a, _____, tendrá la revisión anual de su Programa Educativo Individualizado por los miembros del Comité Escolar. El objetivo de esta reunión es revisar el plan de su niño/a. Los maestros que trabajan con su niño/a, ustedes y yo estaremos presentes durante la revisión del plan de su niño/a.

La reunión será:

    Día y Fecha: _____

    Hora: _____

    Lugar: _____

No podemos hacer la revisión sin su asistencia. Por favor, llenen el siguiente impreso y devuélvanlo a la escuela mañana.

                                                  Atentamente,

                                                _____

                                                Director(a)

<u>Favor de mandar solamente esta sección a la escuela.</u>

    [ ]   Puedo asistir a la revisión anual.

    [ ]   No puedo asistir a la revisión anual.

    [ ]   Quiero otra cita.

Comentarios: _____

_____

_____

_____   _____
Firma del Padre o Tutor   Nombre del Alumno

SPECIAL EDUCATION SUMMER SCHOOL

Dear Parents or Guardians: Date: _____

There will be summer school for Special Education students who are presently enrolled in the district. Summer school provides an individual program according to the goals written in the Individual Education Program. Classes will be in session daily from _____ to _____, beginning _____ at _____ School. Transportation will be provided.

If you wish to enroll your child, please complete the form below and return it to school with your child by _____. Confirmation of enrollment of your child
(Date)
and the bus schedule will be sent later.

The anticipated enrollment of your child helps us to plan and provide an excellent summer experience for your child.

                                  Sincerely,

                                  Special Education Director

                                  Date: _____

_____ I wish to enroll my child in Special Education Summer School.

_____ I do not wish to enroll my child in Special Education Summer School.

Name of Child   Signature of Parent or Guardian

SPECIAL EDUCATION SUMMER SCHOOL

Estimados Padres o Tutores: Fecha: _____

    Habrá escuela de verano para los estudiantes de Educación Especial que están ahora inscritos en el distrito. La escuela de verano ofrecerá un programa individualizado según las metas escritas en el Programa de Educación Individualizado. Las clases se impartirán diariamente de las _____ a las _____, comenzando _____, _____ de _____ hasta _____, _____ de _____ en la Escuela _____. Habrá transporte.

    Si ustedes desean inscribir a su niño(a), por favor completen el impreso abajo y devuélvanlo a la escuela con su niño(a) para el _____. La
                                                                                               (Fecha)

confirmación de la matriculación de su niño(a) y el horario del autobús será enviado a su casa más adelante.

    La temprana inscripción de su niño(a) nos ayudará a planear y a ofrecer una excelente experiencia veraniega.

                                                                   Atentamente,

                                                                   Director(a), Educación Especial

---

                                                                                     Fecha: _____

_____ Quiero inscribir a mi hijo(a) en la escuela de verano.

_____ No quiero inscribir a mi hijo(a) en la escuela de verano.

_____   _____
Nombre del Niño(a)   Firma del Padre o Tutor

GIFTED AND TALENTED - ELIGIBILITY

Date: _____

Dear Parents or Guardians:

Your child has been recommended for evaluation to determine eligibility for the Gifted and Talented Education (GATE) Program. Students selected for this program possess a capacity for excellence far beyond that of other students of the same age.

These students' extraordinary capacities require special services and programs. Various enrichment activities supplement the regular school program and are provided in a number of different learning situations.

Before your child may be evaluated individually, written parent permission is required. Please indicate your decision by signing the enclosed form. Questions concerning the GATE Program may be directed to your child's teacher, the principal of your child's school or the office of Categorical Programs.

Because information supplied by the parent can frequently be very helpful in the evaluation of a student's ability, we also request that you complete the parent checklist on the parent consent form.

Sincerely,

_____
Categorical Programs Coordinator

Enclosure

Fecha: _____

Estimados Padres o Tutores:

Su niño(a) ha sido recomendado para una evaluación y así determinar su elegibilidad para el programa de Educación para Dotados y Talentosos (GATE). Los estudiantes seleccionados para este programa poseen una capacidad de sobresalir superior a la de otros estudiantes de su edad.

Estos estudiantes tienen capacidades extraordinarias que requieren programas y servicios especiales. Diversas actividades de enriquecimiento complementan el programa regular escolar y se proveen en un variado número de situaciones de aprendizaje.

Antes de que su niño pueda ser individualmente evaluado, se requiere permiso escrito de los padres. Por favor indiquen su decisión firmando el impreso adjunto. Preguntas sobre el programa GATE pueden ser dirigidas al (a la) maestro(a) de su niño(a), al director de la escuela o la Oficina de Programas Categóricos.

Les pedimos llenar la lista en el adjunto impreso porque la información dada por los padres es frecuentemente muy útil en la evaluación de las habilidades del estudiante.

Atentamente,

_____
El/La Coordinador/a de Programas Categóricos

Adjunto

GIFTED AND TALENTED - PARENT CHECKLIST

_____ School District
Gifted and Talented Education Program (GATE)

Parent Consent for Evaluation and Placement

Student: _____ Birth Date: _____ Sex: _____

School: _____ Grade: _____ Home Language: _____

Parent's Name: _____ Address: _____

Based on classroom performance and other data, your child has been recommended for evaluation and possible placement into the Gifted and Talented Education Program (GATE).

Eligibility for the program is determined by examination of a number of factors: standardized test scores, an intelligence test and/or other test of student's abilities, classroom performance, as well as teacher and parent checklists.

You are invited to assist in this process by providing information regarding your child's characteristics. To facilitate the evaluation process, please complete the following checklist as well as the additional information requested and **return it to your child's teacher within 10 days of its receipt.**

Parent Checklist of Student Behavior
The student shows some but not all of the following characteristics:
- _____ shows high verbal fluency and advanced vocabulary (in dominant language)
- _____ is alert, keenly observant
- _____ asks penetrating questions (wants to know the "why" of things)
- _____ often has extraordinary amounts of information, particularly in areas of interest
- _____ displays ease in ability to absorb, retain and recall information (comprehension and memory)
- _____ displays higher levels of thinking: sees relationships, perceives cause and effect, combines isolated bits of information into meaningful wholes
- _____ is creative and inventive
- _____ has ability to process information quickly
- _____ displays problem-solving ability
- _____ task commitment: persists in pursuing goals, especially in area of interest

Comments: _____
_____

_____ I consent to an evaluation, which may include the administration of an individual intelligence test. If my child qualifies for the program, I also approve his/her participation in the Gifted and Talented Education Program to meet his/her special needs.

_____ I do not consent to an evaluation and placement in the program.

_____ _____ _____
Signature of Parent/Guardian   Relationship to Child   Date

Are you willing to have your name, address and phone number available to the GATE Parent Advisory Council?
_____ Yes   _____ No

GIFTED AND TALENTED - PARENT CHECKLIST

Distrito Escolar de _____
Programa Educativo para Dotados y Talentosos (GATE)
Consentimiento de los Padres para Evaluación y Participación

Estudiante: _____ Fecha de Nacimiento: _____ Sexo: _____

Escuela: _____ Grado: _____ Lengua Hablada en Casa: _____

Nombre del Padre/Madre: _____ Teléfono: _____

Dirección: _____

Su hijo(a) ha sido recomendado como candidato(a) para la evaluación y posible participación en el Programa para Dotados y Talentosos (GATE). Esta recomendación se ha basado en el trabajo hecho en clase por su hijo(a) y otros datos.

La elegibilidad para el programa es determinada por varios factores: resultados de exámenes estandarizados, examen de inteligencia, calificaciones, y recomendaciones de maestros y padres.

Les invitamos a que nos ayuden dándonos información sobre las características de su hijo(a). Por favor completen con una marca esta lista y **devuelvan este impreso al (a la) maestro(a) de su hijo(a) antes de 10 días.**

Lista para Padres Sobre el Comportamiento del Estudiante
El (La) estudiante muestra algunas pero no todas de las siguientes características:
- ___ muestra gran facilidad verbal y vocabulario avanzado (en su idioma principal)
- ___ es despierto(a), es observador(a) aguzado(a)
- ___ hace preguntas profundas (quiere saber el porqué de las cosas)
- ___ a menudo posee extraordinarias cantidades de información, especialmente con respecto a lo que le interesa
- ___ muestra facilidad de recibir, retener, y recordar información (comprensión y memoria)
- ___ tiene la habilidad de procesar información rápidamente
- ___ muestra niveles superiores de razonamiento: percibe relaciones, percibe resultados y sus causas, combina elementos aislados de información para producir unidades que tienen sentido
- ___ muestra un sentido maduro de lo cómico y percibe relaciones únicas
- ___ es creativo(a) e inventivo(a)
- ___ tiene la habilidad de ordenar información con rapidez
- ___ muestra la habilidad de resolver problemas
- ___ dedicación a hacer tareas: persiste en alcanzar metas, especialmente en áreas que le interesan

Comentarios: _____

___ Doy mi consentimiento para que participe en una evaluación, que puede incluir un examen de inteligencia, el (la) niño(a) nombrado(a) anteriormente, para posible admisión al Programa para Dotados y Talentosos del distrito. Si él/ella es elegible, doy mi permiso para que participe en el programa especial.

___ No doy mi consentimiento para la evaluación y participación.

_____   _____
Firma del Padre o Tutor   Parentesco con el (la) Niño(a)   Fecha

¿Está dispuesto a tener su nombre, dirección y número de teléfono disponible al Comité Asesor de Padres de Alumnos de GATE?   ___ Sí   ___ No

GIFTED AND TALENTED STUDENT PLACEMENT

Dear Parents or Guardians: Date: _____

Your child, _____, has been referred for screening into the _____ School District's Gifted and Talented Education Program. This screening has been completed, with the following recommendation.

    _____ Your child has been identified as mentally gifted in the area of:

        _____ Intellectual Ability   _____ Academic Achievement

        _____ Specific Academic in _____

    _____ Your child will be placed in the cluster program at his/her school

        _____ for the current school year   _____ for the coming school year

    _____ Your child did not meet the multiple criteria for inclusion in the program. However, we feel this process helps us better understand and plan for his/her educational needs.

    _____ Your child was GATE identified in his/her previous school district and will not need to be retested. In order for your child to participate in our program we need to have the enclosed placement form completed by you and returned to our office as soon as possible.

    _____ Written parent consent is required before your child can be placed in the GATE Program. Please complete the enclosed form and return it as soon as possible.

        Sincerely,

        _____
        Program Coordinator

Estimados Padres o Tutores: Fecha: _____

Su hijo(a), _____, ha sido recomendado(a) para ser evaluado para entrar en el programa de Educación para Dotados y Talentosos (GATE) del Distrito Escolar de _____. Las evaluaciones han sido completadas, con la siguiente recomendación:

_____ Su hijo(a) ha sido identificado como dotado(a) en el área de:

    _____ Habilidad Intelectual   _____ Logro Académico

    _____ Logro Académico Específico en _____

_____ Se colocará a su niño(a) en el programa de su escuela

    _____ este año escolar   _____ el próximo año

_____ Su hijo(a) no satisfizo los múltiples criterios que se aplican para inclusión en el programa. Sin embargo, creemos que este proceso nos ha ayudado a mejor entender y planificar sus necesidades educativas.

_____ Su hijo(a) fue seleccionado(a) para el programa GATE en su anterior distrito escolar, y no se necesitará hacerle un nuevo examen. Para que su niño(a) pueda participar en nuestro programa, necesitamos que llenen el adjunto impreso de colocación y que lo devuelvan a nuestra oficina lo antes posible.

_____ Es requisito que los padres den su consentimiento por escrito antes de que los niños puedan participar en el programa GATE. Por favor llenen el impreso adjunto y devuélvanlo lo antes posible.

Atentamente,

_____
Director(a) del Programa

School Activities

INSTRUMENTAL MUSIC PROGRAM

Beginning Instrumental Music Lessons

The _____ School District is pleased to offer your son/daughter the opportunity to learn to play a musical instrument. The program offers free music lessons to all interested students starting _____. If you are interested in supporting your son or daughter in this valuable program, please do the following:

(1) Fill out the permission slip and have your child return it to school immediately.

(2) Secure an instrument for your child's use.

The approximate cost of instruments on a rent-to-own basis is:

Flutes	$_____	per month	Clarinets	$_____	per month
Saxophones	$_____	per month	Trumpets	$_____	per month
Trombones	$_____	per month	Tubas	$_____	per month

Drums - it is required that drummers become percussionists, therefore, they must begin by learning to play mallet instruments; i.e., bells.

A few music stores in this area that offer these instruments are:
_____
_____
_____

We hope you are interested in this opportunity. If you have any questions, please call the school office.

Sincerely,

_____
Principal

Request for Admittance to Beginning Band

Student's Name: _____ Home Phone: _____
Address: _____ City: _____ Zip: _____
School: _____
Parent/Guardian Signature: _____

Instrument Interested In: (circle one)

Clarinet	Flute	Trumpet	Saxophone
Tuba	Trombone	Percussion	

Lecciones de Música Instrumental para Principiantes

Nos complacemos en comunicarles que el Distrito Escolar de _____ ofrecerá a su hijo(a) la oportunidad de aprender a tocar un instrumento musical. El programa ofrece lecciones gratis de música a todos los estudiantes interesados. El programa comenzará el _____. Si tienen interés en apoyar a su hijo o hija en participar en este valioso programa, por favor hagan lo siguiente:

(1) Completen el permiso y devuélvanlo a la escuela inmediatamente.

(2) Obtengan un instrumento para el uso de su niño/a.

El coste aproximado de instrumentos en un programa de "alquilar para comprar" es de:

Flautas	$_____	por mes	Clarinetes	$_____	por mes
Saxofones	$_____	por mes	Trompetas	$_____	por mes
Trombones	$_____	por mes	Tubas	$_____	por mes

Tambores- es requerido que los niños que toquen tambores se hagan percusionistas, por lo tanto tienen que empezar por aprender a tocar instrumentos como campanas, etc.

Algunas tiendas de música en esta área que ofrecen estos instrumentos son:
_____
_____
_____

Esperamos que tengan interés en esta oportunidad. Si tienen cualquier pregunta, por favor llamen a la oficina escolar.

Atentamente,

_____
Director(a)

Solicitud para Entrar a la Orquesta de Principiantes

El Nombre del Estudiante: _____ Teléfono de Casa: _____
Dirección: _____ Ciudad: _____ Zona Postal: _____
Escuela: _____
Firma del Padre/Tutor: _____

Instrumento Preferido: (marque uno)

Clarinete	Flauta	Trompeta	Saxofón
Tuba	Trombón	Percusión	

REQUIREMENTS FOR SPORTS ACTIVITY PARTICIPATION

Letter of Requirements for Participation in Athletics

Dear Parents or Guardians: Date: _____

For your information we have prepared the following guidelines for all students who intend to participate in organized sports activities at _____ School.

A. Students and their parents are expected to read the rules pertaining to his or her sport and return a form stating that the parent and student have read the rules and understand their responsibility.

B. A student dropping out of a sport has the obligation to confer with the coach prior to leaving the team. He or she may not, during the same season, leave one team for another without both coaches being in agreement. The student also may not participate in a new season until his or her participation in the preceding season is officially completed.

C. A student must attend classes on days when practice or games are scheduled unless the student has been given an excuse from a school administrator to be absent. Illness shall be reported to the school office and coach by telephone.

D. A student suspended from school or enrolled in the Alternate School Program (ASP) may not participate in any athletic contest until the suspension is lifted.

E. A student must observe all training rules set down by the coach. Repeated offenses against rules pertaining to the use of drugs, alcohol and tobacco will result in a student being dismissed from the sport.

F. Attendance at all practice sessions is obligatory unless the student has a valid excuse for his or her absence.

G. Coaches are to set the standards and example for student conduct during practice sessions, while traveling to away contests, in the locker room, on the bench and on the playing fields.

H. Since transportation to and from games is provided by the school students may not use their own transportation to any contests. If a student wishes to return home from a contest other than by bus, he or she must present written authorization from his or her parent or guardian.

It is our hope that these regulations will be of service to you in understanding the functioning of our sports program.

Sincerely,

_____
Athletic Director

Requisitos para la Participación en Deportes

Estimados Padres o Tutores: Fecha: _____

Para su información hemos preparado las directivas siguientes para todos los estudiantes que desean participar en actividades deportivas organizadas en la escuela _____.

A. Los estudiantes y sus padres deberán leer las reglas sobre su deporte y devolver el impreso afirmando que, tanto el padre como el estudiante, han leído las reglas y comprenden sus respectivas responsabilidades.

B. El estudiante que decide abandonar un deporte o equipo tiene la obligación de hablar con el entrenador con anterioridad a dejar el equipo. No puede, durante la misma temporada, salir de un equipo para entrar en otro sin que ambos entrenadores estén de acuerdo. El estudiante no puede tampoco participar en una nueva temporada hasta que su participación en la temporada anterior sea oficialmente completada.

C. El estudiante debe asistir a clases en días cuando hay práctica o juegos, a menos que el estudiante haya recibido una excusa para estar ausente de uno de los administradores de la escuela. Enfermedades se informan a la oficina de la escuela y al entrenador por teléfono.

D. Un estudiante suspendido de la escuela o matriculado en un Programa Alternativo Escolar no puede participar en ningún concurso atlético hasta que la suspensión haya sido levantada.

E. Un estudiante debe observar todas las reglas de los entrenadores. Las infracciones de reglas sobre uso de drogas, alcohol y tabaco resultarán en la expulsión del estudiante del equipo o deporte.

F. La asistencia a todas las prácticas es obligatoria, a menos que el estudiante tenga una aceptable excusa.

G. Los entrenadores darán ejemplo de conducta al estudiante durante las jornadas de práctica, viajes, en vestuarios, la banca y los campos de juego.

H. Ya que el transporte en autobús a las competiciones es la responsabilidad de la escuela, los estudiantes no pueden usar su propio transporte. Si un estudiante desea volver a su casa desde una competencia por cuenta propia, deberá presentar autorización escrita de su padre o tutor.

Esperamos que estas reglas le servirán a Uds. para comprender el funcionamiento de nuestro programa deportivo.

Atentamente,

_____
Director/a de Programas de Atletismo

Permission Form for Participation in School Athletics

I hereby grant permission for my son/daughter, _____, to participate in the sports activity _____.

I further will provide for a physical examination of my son/daughter. I have read the rules and regulations of the sport and understand them and the responsibilities of myself and my son/daughter.

I relieve the school of all responsibility beyond that of normal supervision.

Signature of Parent or Guardian:

_____

Date: _____

Permiso para Participación en Deportes Escolares

Doy por la presente permiso para que mi hijo/a _____ pueda participar en la actividad deportiva _____ .

Haré que mi hijo(a) reciba un examen físico. He leído las reglas del deporte y las comprendo, así como las responsabilidades que mi hijo/a y yo tenemos.

Yo eximo a la escuela de toda responsabilidad excepto la normal de supervisión.

Firma del Padre o Tutor:

_____

Fecha: _____

SPORTS/PHYSICAL EXAMINATION

TO: _____ School Athletes

FROM: _____, Athletic Director

RE: ____/____ School Year Athletics

DATE: _____

As you know, all students who wish to participate in athletics at _____ School must, before trying out, obtain a physical examination and have adequate insurance coverage.

_____ School will offer sports physical examinations for the ____/____ school year on: _____, _____.

The exams will be given in the Weight Room at _____ School. Girls exams will begin at _____ p.m. and boys exams will begin at _____ p.m. The cost of the physical will be $_____. These are the only physicals that will be offered at _____ School for the ____/____ school year. If you don't attend on _____, you will have to obtain a physical from your personal physician.

To participate in the physical exams on _____, please do the following:

1) Bring a signed note from your parents giving permission to have the physical examination.

2) Please wear a bathing suit under your regular clothes. It's best to wear shorts.

3) Cost is $_____. Checks should be made payable to _____ School.

The physical exams are open to all ____/____ school year _____ students-- including current 8th graders. I hope to see you on _____.

SPORTS/PHYSICAL EXAMINATION

A:	Los Atletas de la Escuela _____

DE:	_____, El Director Atlético

RE:	El Atletismo del Año Escolar _____/_____

FECHA: _____

Como Uds. saben, todos los estudiantes que desean participar en atletismo en la escuela _____ deben, antes de someterse a las pruebas, obtener un examen físico y tener seguro adecuado.

La escuela _____ ofrecerá exámenes físicos adecuados para los que quieren hacer deportes el año escolar _____/_____ el: _____, _____.

Los exámenes serán dados en la Sala de Pesas en la escuela _____. Los exámenes de las muchachas comenzarán a las _____ p.m. y los exámenes de los muchachos comenzarán a las _____ p.m. El costo del examen será $_____. Estos son los únicos exámenes físicos que se ofrecerán en la escuela _____ para el año escolar _____/_____. Si no asisten el _____, tendrán que obtener un examen físico en su médico.

Para participar en los exámenes físicos el _____ por favor hagan lo siguiente:

1) Traigan una nota, firmada por el padre o tutor, dando permiso para el examen físico.

2) Por favor lleven traje de baño debajo la ropa. Es mejor llevar pantalones cortos.

3) El costo es $_____. Los cheques deben emitirse a la escuela _____.

Todos los estudiantes del curso _____/____ (incluyendo a los del 8.grado) pueden recibir el examen. Esperamos verlos el _____.

ATHLETIC PARTICIPATION CARD

_____ School Athletic Participation Card

Grade Level: _____ Date: _____

(Print) Last Name _____ First _____ Middle _____

Date of Birth _____ Birthplace (City and State) _____

Physical: _____
Football Ins.: _____
Other Ins.: _____
School: _____
Academic Elig.: _____
Emergency Card: _____

Are you living with (check one): ____ Parent/s? ____ Legal Guardian?

Name of Father _____ Address of Father _____

Name of Mother _____ Address of Mother _____

Name of Guardian _____ Address of Guardian _____

Is this the same parent/guardian you lived with during the last school year? ____ Yes ____ No

Present Address (Street) _____ (City) _____ (Zip Code) _____

Home Ph.: _____
Work Ph.: _____

Athletes will not be issued any equipment, nor will they be permitted to practice until this form is completed and returned. This includes passing a physical exam, securing parent permission, and either purchasing athletic insurance through the school or signing the insurance waiver section of this card. Students are encouraged to purchase an ASB card and must follow the school athletic code. Athletes are also expected to attend one or more of the summer school sports camps.

Parent/Guardian Signature _____ Student Signature _____

Physician's Statement: _____
(Print) Student's Name

was examined by me on _____ and found physically fit to engage in high school sports.
Date

Comments (if any): _____

Physician's Signature _____

All Parents Must Sign

I have read and understand the insurance coverage provisions for competitive athletics. I hereby give my consent for the above named student (my son/daughter/ward) to participate in sports including regularly scheduled trips by supervised school transportation. I agree to be responsible for the safe return of all school equipment issued to the student and will pay for articles lost or damaged beyond normal use.

Date _____ Signature of person with whom student lives _____ How related _____

In compliance with state law, I certify that there is in effect at this time insurance coverage for accidental death of at least $____ and insurance coverage for medical and hospital expenses resulting from bodily injury of at least $____ for my son/daughter/ward and that this coverage will remain in effect throughout the time that he/she participates in any sports.

I understand that the school or the Governing Board of the _____ School District are not responsible for medical expenses resulting from an injury received during participation in school sports.

This waiver must be signed, unless you purchase school insurance.

Signed: _____
Signature of Parent or Guardian   Date

__ FB __ XC __ WP __ GTEN __ GVB __ GSW __ BSKB __ WR __ SOC __ GSB __ GFH
__ BASBL __ TRK __ BSW __ GO __ TEN __ GBSKB __ GTRK __ GSOC __ DT __ TE __ CHEER

ATHLETIC PARTICIPATION CARD

Tarjeta para Participación en Deportes de la escuela _____

Grado: _____ Fecha: _____

Physical: _____
Football Ins.: _____
Other Ins.: _____
School: _____
Academic Elig.: _____
Emergency Card: _____

(Con Letra de Molde)   Apellido   Nombre de Pila   Segundo Nombre

Fecha de Nacimiento _____ Lugar de Nacimiento (Ciudad) _____

¿Está viviendo con el: ____ Padre/s?   ____ Tutor?

Nombre del Padre _____   Domicilio del Padre _____

Nombre de la Madre _____   Domicilio de la Madre _____

Nombre del Tutor _____   Domicilio del Tutor _____

¿Vivió con este padre/tutor el año escolar pasado? ____ Sí ____ No

Domicilio Actual   (Calle)   (Ciudad)   (Código Postal)

Tel. de la Casa: _____
Tel. del Trabajo: _____

No se les dará ningún equipo, ni se les permitirá participar en deportes a los atletas, hasta que se haya llenado y devuelto este formulario. Esto incluye el haber pasado el examen médico, la autorización escrita de los padres y ya sea la compra del seguro atlético a través de la escuela o la firma en la sección de esta tarjeta donde renuncia al seguro que ofrece la escuela. Se les sugiere a los alumnos que compren una tarjeta "ASB", y deben seguir el código atlético escolar. También se espera que los atletas asistan a uno o más de los campos deportivos veraniegos.

Firma del Padre/Tutor _____   Firma del Estudiante _____

Physician's Statement: _____
                        (Print)   Student's Name

was examined by me on _____ and found physically fit to engage in high school sports.
                         Date

Comments (if any): _____

Physician's Signature _____

Todos los Padres Deben Firmar

He leído y entiendo las condiciones de la cobertura del seguro para los competidores (atletas). Por medio de la presente autorizo al estudiante arriba mencionado (mi hijo/hija/menor) participar en deportes, así como en los viajes programados en forma regular en el transporte escolar supervisado. Me hago responsable de devolver, en buen estado, todo el equipo escolar que se le preste al estudiante y de pagar por los artículos perdidos o dañados.

Fecha _____   Firma de la persona con quien vive el estudiante _____   Parentesco _____

En conformidad con la ley del estado certifico que está en vigencia en este momento un seguro que cubre por muerte accidental por lo menos $____ y cubre gastos médicos y de hospital por lesiones al cuerpo de por lo menos $____ para mi hijo/hija/menor y que esta cobertura seguirá en vigor todo el tiempo que él/ella participe en cualquier deporte.

Entiendo que ni la escuela, ni la junta directiva del Distrito Escolar de _____ se harán responsables de los gastos médicos que resulten de una lesión recibida durante participación en deportes escolares.

Esta exención debe estar firmada si no compra el seguro escolar.

Firmado: _____
         Firma del Padre o Tutor   Fecha

___ FB ___ XC ___ WP ___ GTEN ___ GVB ___ GSW ___ BSKB ___ WR ___ SOC ___ GSB ___ GFH
___ BASBL ___ TRK ___ BSW ___ GO ___ TEN ___ GBSKB ___ GTRK ___ GSOC ___ DT ___ TE ___ CHEER

FIELD TRIP AND OFF-CAMPUS ACTIVITY--PERMISSION FORM

Parent Permission for Off-campus Activity or Field Trip

Name of Teacher: _____ Date Submitted: _____
Date of Activity: _____ Destination: _____
Departure Time: _____ Address: _____
Return Time: _____ City: _____ Phone: _____

Type of Transportation: ___ School Bus ___ Private Vehicle ___ Walk

Student will need:
    ___ Sack lunch _____
    ___ Money (amount) _____
    ___ Special clothing and/or equipment (specify):
    _____
    ___ Other _____
    _____

Please complete and return the bottom of this form to the teacher at least 24 hours prior to the activity.

To: _____
        Name of Teacher

The undersigned parent or guardian of _____, age _____, a student in the _____ School district, hereby grants permission for said student to participate in all aspects of the above named field trip or activity on ___ / ___ / ___.

Permission is also hereby granted to any adult to seek and obtain medical assistance and services for said student while on such field trip or activity, if required.

_____
Signature of Parent or Guardian

_____
Address

_____
City   Zip Code

Telephone: (home) _____ (work) _____

Student's Address and Telephone (if different from above):
_____

_____
Signature of Administrator

FIELD TRIP AND OFF-CAMPUS ACTIVITY--PERMISSION FORM

Permiso de los Padres para Excursión de Estudios o Actividades Fuera del Recinto Escolar

Nombre del Maestro(a): _____ Fecha Presentado: _____
Fecha de la Actividad: _____ Destino: _____
Hora de Salida: _____ Dirección: _____
Hora de Regreso: _____ Ciudad: _____ Teléfono: _____

Tipo de Transporte: ___ Autobús Escolar ___ Vehículo Privado ___ A Pie

El estudiante necesitará:
  ___ Almuerzo ya Preparado _____
  ___ Dinero (cantidad) _____
  ___ Ropa especial y/o equipo (especifique): _____

  ___ Otro _____

Por favor complete el impreso al pie de esta página y devuélvalo al maestro por lo menos con 24 horas de antelación a la fecha de la actividad.

A: _____
   Nombre del Maestro(a)

El que abajo firma, padre o tutor de _____, de _____ años de edad, estudiante del Distrito Escolar de _____, por este medio da permiso para que dicho estudiante participe en todos los aspectos de la mencionada excursión de estudioso actividad el ___/___/___.

   Se da también permiso por este medio a cualquier adulto de buscar y obtener asistencia y servicios médicos para dicho estudiante si fuera necesario durante la excursión de estudios o la actividad fuera del recinto escolar.

_____
Firma del Padre o Tutor

_____
Dirección

_____
Ciudad   Zona Postal
Teléfono: casa _____ trabajo _____

Dirección y Teléfono del Estudiante (si es diferente del de arriba):

_____

_____
Firma del Administrador(a)

FIELD TRIP PERMISSION FORM

Date: _____

Dear Parents or Guardians:

The _____ grade classes are going on an educational field trip to _____,
(Destination)
on _____ , _____ _____ .
       (Day)   (Month)   (Date)

Your child _____ will need to bring _____.
           _____ will not need to bring anything.

On the day of the trip the children will come to school at _____. The school bus (cars) will leave promptly at _____. The children will return to school before _____, in time for regular dismissal.

Please send the permission slip as soon as possible so that your child can participate.

Sincerely,

_____

The teachers of _____ grade

My child has permission to go with the class to _____
                                                 (Destination)
on _____ , _____ _____ .
       (Day)   (Month)   (Date)

Signature of Parent/Guardian: _____
Telephone: _____   Address: _____
                                              _____

FIELD TRIP PERMISSION FORM

Fecha: _____

Estimados Padres o Tutores:

Las clases del _____ grado, van a hacer un viaje educativo a _____,
(Destino)
el _____, _____ de _____.
    (Día)   (Fecha)   (Mes)

Su niño/a _____ necesitará traer _____.
      _____ no necesitará traer nada.

El día del viaje, todos los niños vendrán a la escuela a las _____. El autobús escolar (Los autos) saldrán a las _____ en punto. Los niños regresarán a la escuela antes de las _____, a tiempo para salir a la hora regular de salida.

Favor de devolver el permiso tan pronto como sea posible para que así su niño/a pueda participar en este viaje educativo.

Atentamente,

_____
Los/Las maestros/as del _____ grado

Mi hijo/a _____ tiene mi permiso para ir con la clase a _____
(Destino)
el _____, _____ de _____.
    (Día)   (Fecha)   (Mes)

Firma del Padre/Tutor: _____
Teléfono: _____ Dirección: _____
_____

FIRE STATION FIELD TRIP PERMISSION FORM

Dear Parents or Guardians, Date: _____

The kindergarten classes are planning a walking trip to our neighborhood Fire Station* on _____. This very special field trip is a part of our study of Community Helpers.

All kindergarten children will come to school at _____ that morning. They will be dismissed at _____ in order to allow enough time for all kindergarten classes to visit the Fire Station* the same day.

Please return your signed permission tomorrow.

We would be very happy to have you join us on our walk.

                Sincerely,

                The Kindergarten Teachers

I give permission for my child, _____, to go to the Fire Station with the kindergarten classes on _____.

____ I will be able to walk with the class to the Fire Station.

____ I will not be able to walk with the class to the Fire Station.

                _____
                Parent/Guardian Signature

*Police Station

FIRE STATION FIELD TRIP PERMISSION FORM

Estimados Padres o Tutores,   Fecha: _____

Las clases de kindergarten están planeando una visita a pie a la Estación de Bomberos* de nuestra vecindad el _____. Esta visita especial es parte de nuestro estudio sobre los Ayudantes de la Comunidad.

Todos los niños de kindergarten vendrán a la escuela a las _____ esa mañana. Saldrán de la escuela a las _____ para así poder tener suficiente tiempo para que todas las clases de kindergarten vayan a la Estación de Bomberos* el mismo día.

Favor de devolver su permiso mañana.

Nos agradaría tenerlos con nosotros en nuestro paseo.

Atentamente,

Los (Las) Maestros(as) de Kindergarten

Doy permiso a mi niño(a), _____, de ir a la Estación de Bomberos el _____.

____ Puedo ir con la clase a la Estación de Bomberos.

____ No puedo ir con la clase a la Estación de Bomberos.

_____
Firma del Padre/Tutor

*Estación de Policía - Police Station

OUTDOOR EDUCATION

Dear Parents or Guardians: Date: _____

    Your child is invited to participate in the _____ County Outdoor Education Program at _____ from _____ to
_____. This program is part of the regular sixth-grade curriculum. It has
(Date)
been made possible through the joint efforts of the County Department of Education and our school district. The school district and parents participate by paying for the cost of instruction, while the Department of Education is responsible for facilities and the administration of the program. Your obligation as a parent is to give your approval and to share the cost of instruction, meals, health and accident insurance and transportation. The total amount is $ _____. Checks MUST be turned in to the school office no later than _____. Make your check payable to _____.
(Date)

    The camp address and telephone number are:

_____

_____

_____

_____

    Following the camp experience, teachers will be presenting lessons based on learning which occurred at camp. Your child will learn valuable facts about outdoor survival, ecological studies, citizenship and local history. We strongly encourage you to participate in this aspect of your child's education through your support of the program.

    I hope this information will help you and your child in preparing for this important sixth-grade experience.

    If you desire additional information or have any questions, please give me a call at _____.

                                           Sincerely,

                                           _____
                                           Principal

OUTDOOR EDUCATION

Estimados Padres o Tutores:　　　　　　　　　　　　　　Fecha: _____

Se invita a su niño(a) a participar en el Programa de Educación al Aire Libre del Condado de _____ el _____ de _____.
　　　　　　　　　　(Lugar)　　　　　　　(Fecha)　　　　　(Fecha)
Este programa es parte del plan de estudios del sexto grado. El Programa es posible gracias a los esfuerzos conjuntos del Departamento de Educación y de nuestro distrito escolar. El distrito y los padres participan pagando el costo de instrucción, mientras que el Departamento de Educación es el responsable de las instalaciones y de la administración del programa. Su obligación como padres es dar su aprobación y compartir el costo de instrucción, comidas, seguros de salud y accidente, y del transporte. La cantidad total es $ _____. Los cheques **tienen que** estar en la oficina escolar a más tardar el _____. Escriba su cheque a nombre de
_____.
　　(Fecha)

La dirección y el número de teléfono del campamento son:

_____
_____
_____
_____

Después de la experiencia vivida en el campo, los maestros presentarán lecciones basadas en el aprendizaje en el campamento. Su niño/a aprenderá importantes lecciones sobre la supervivencia al aire libre, estudios ecológicos, educación cívica e historia local. Los invitamos a participar en este muy importante aspecto de la educación de su niño/a dando apoyo a este programa.

Espero que esta información les ayude a ustedes y a su niño/a a prepararse para esta importante experiencia del sexto grado.

Si desean información adicional o tienen alguna pregunta, por favor llámenme al número _____.

　　　　　　　　　　　　　　　　　　　　　　　Atentamente,

　　　　　　　　　　　　　　　　　　　　　　　_____
　　　　　　　　　　　　　　　　　　　　　　　Director(a)

HALLOWEEN ACTIVITIES

Halloween Parade and Costume Contest

On _____ morning, _____, the kindergarten through second
     (Day)   (Date)

graders will participate in a costume parade. Third through fifth grades will observe the parade. After the parade the Student Council will sponsor a costume contest for first through third grade and for fourth and fifth grade. The categories will be:

(1) Most original   (3) Prettiest
(2) Funniest   (4) Scariest

Kindergartners will all receive a token of participation.

Students will not be allowed to bring simulated weapons of any kind to school (i.e., swords, spears, etc.). We encourage creative costumes and discourage gory or violent type costumes. Also, please think of comfort and safety when selecting a costume. If you have any questions about the parade or appropriate costumes, please call the school office.

Desfile de "Halloween" y Concurso de Disfraces

El _____ por la mañana, _____, las clases de kínder hasta
    (Día)   (Fecha)

segundo grado participarán en un desfile de disfraces. Los niños del tercero al quinto grado verán el desfile. Después del desfile, la Asociación de Estudiantes patrocinará un concurso de disfraces para los niños de los grados primero al tercero, y cuarto y quinto. Las categorías serán:

    (1)   El más original   (3)   El más bonito
    (2)   El más cómico   (4)   El que da más miedo

Los estudiantes de kínder recibirán un regalito por participar.

No se permitirá que los estudiantes traigan armas de juguete de ningún tipo a la escuela (ej. espada, lanza, etc.). Queremos animarlos a que traigan puestos disfraces originales, y no deseamos que usen disfraces que denoten crueldad o violencia. También escojan un disfraz cómodo, y que no cause peligro. Si tienen preguntas sobre el desfile, tipo de disfraz, o de artículos apropiados, por favor llame a la oficina de la escuela.

Dear Parents or Guardians:

You are cordially invited to attend our Winter Holiday Program which will take place on _____, _____, _____, 19__, in the _____ at _____ p.m.

The performance will involve all kindergarten through sixth grade classes, as well as our school chorus. Our students have worked hard to prepare this program and are eager to perform for you.

We look forward to seeing you there.

                                             Sincerely,

                                         _____

                                           Principal

WINTER HOLIDAY PROGRAM

Estimados Padres o Tutores:

Ustedes están cordialmente invitados a asistir a nuestro Programa Festivo del Invierno que tendrá lugar el _____ de _____ de 19 __ en el _____ a las _____ p.m.

La función incluirá todas las clases, de kindergarten a sexto, y también nuestro coro escolar. Nuestros alumnos han trabajado mucho para preparar el programa y están encantados de poner el espectáculo en escena para ustedes.

Nosotros esperamos verlos en la función.

Atentamente,

_____
Director(a)

Fund-Raising Permission Slip

Parent Teacher Forum Walk/Jog-a-Thon

Dear Parents or Guardian:

On _____, _____, _____, our students will have an opportunity to participate in a walk/jog-a-thon that is sponsored by the _____ School Parent Teacher Forum. The purpose of this event is to raise money for key projects at the school. This year, the projects include our field trip fund, improving the computer lab and saving for new playground equipment.

All of the proceeds will go the students, not a fund-raiser company. Our goal is to raise $ _____ for the school.

Kindergarten through second grade will walk/jog from _____ a.m. to _____ a.m. There will be a separate track for the kindergarten for safety reasons. Third through fifth grade will walk/jog from _____ a.m. to _____ a.m. Adults will count laps for the children and will help keep records.

Students are being asked to get pledges from family, friends and close neighbors. <u>They are not allowed to go door-to-door to get pledges</u>. As more money is pledged, each lap becomes more valuable. An average number of laps is about 20 and if $.10 per lap is pledged, that would earn $2.00. A pledge of $.25 per lap would earn $5.00. It is also possible for you to pledge a set number, such as $5.00 or $10.00. Because the Parent Teacher Forum is the sponsor, the students will be collecting the money after the walk/jog-a-thon and turning it in to school as it is collected. A new prize program will give more awards to students for participating.

More details will be shared in a fund-raiser packet that will be given to your child when you sign and return this permission slip.

****

_____ School Fund-Raiser Permission Slip

I give permission for _____ in room _____ to participate in the _____ School Parent Teacher Forum Walk/Jog-a-Thon on _____, _____ ____, _____.

Parent/Guardian Signature: _____ Date: _____

Permiso de Participación para Recaudar Fondos

Caminata-Carrera del Foro de Padres/Maestros

Estimados Padres o Tutores:

El _____, ____ de _____, nuestros estudiantes tendrán la oportunidad de participar en una caminata-carrera que será patrocinada por el Foro de Padres/Maestros de la Escuela _____. El propósito de este evento es recaudar fondos para varios proyectos importantes de la escuela. Este año, los proyectos incluyen mejorar el programa de computadoras de la escuela, recaudar fondos para excursiones instructivas y para nuevo equipo del campo de recreo.

Todas las ganancias serán para beneficio de los estudiantes, no para una compañía de recaudar fondos. Nuestro deseo es reunir $ _____ para la escuela.

Los grados de kínder a segundo caminarán/correrán de las _____ a.m. a _____ a.m. Tendremos una fila separada para los niños de kínder para que puedan participar sin peligro alguno. Los grados del tercero al quinto caminarán/correrán de las _____ a.m. a _____ a.m. Los adultos contarán las vueltas y ayudarán a anotar el número de vueltas de cada niño.

Se pide que los estudiantes obtengan promesas de donación de miembros de la familia, amistades, y vecinos cercanos. <u>No se permite que los estudiantes vayan de casa en casa a pedir donaciones.</u> Cuanto más dinero es prometido, cada vuelta se hace más valiosa. El número prometido de vueltas es 20 y si prometen $.10 por cada vuelta, eso ganaría $2.00. Una promesa de 25 centavos por cada vuelta ganaría $5.00. También es posible que las personas prometan una suma de $5.00 o $10.00. Debido a que este año el Foro de Padres y Maestros es el único patrocinador, los estudiantes cobrarán el dinero después de la caminata-carrera y lo entregarán a la escuela tan pronto como sea cobrado. Un nuevo programa de premios les dará más premios a los estudiantes por su participación.

Mandaremos más información en un paquete de participación que se le dará a su niño/a cuando ustedes firmen y devuelvan el permiso aquí adjunto.

****

Permiso de Participar en la Caminata-Carrera
para Recaudar Fondos para la Escuela _____

Doy mi permiso para que _____ en el salón _____ participe en la Caminata-Carrera del Foro de Padres/Maestros de la Escuela _____ el _____, ____ de _____, _____.

Firma del Padre/Tutor: _____ Fecha: _____

Walk/Jog-a-Thon Sponsor Pledge Sheet

_____ _____ _____ _____
Student Name   Grade   Teacher   Room

Dear Parents or Guardians:

    Thank you for giving permission for your child to participate in our annual walk/jog-a-thon on _____. The money we earn will be spent on field trips and other school projects.

    Please help your child to get pledges from friends, relatives, co-workers and neighbors. Students are not allowed to go door-to-door. Money should not be collected now. We do that after _____.
                                                                                 (Date)

****

Name of Sponsor	Address	Amount Pledged	Laps	Amount Due	Amount Collected

WALK/JOG-A-THON SPONSOR PLEDGE SHEET

Hoja para Patrocinadores de la Caminata-Carrera

_____   _____   _____   _____
Nombre del Estudiante   Grado   Maestro/a   Salón

Estimados Padres o Tutores:

    Gracias por darle permiso a su niño/a para que participe en nuestra caminata-carrera anual que se llevará a cabo el _____. El dinero que se recaude se gastará en excursiones educativas y otros proyectos de la escuela.

    Por favor ayúdenle a su niño/a a conseguir promesas de donación de sus amistades, familiares, personas con las que trabaja y vecinos. No se permitirá que los estudiantes vayan de casa en casa. El dinero no se debe recaudar ahora. La recaudación se hará después del _____.
                              (Fecha)

****

Nombre del Patrocinador	Domicilio	Cantidad Prometida	Vueltas	Cantidad que Debe	Cantidad Recibida

Boy Scout and Cub Scout Survey
(Girl Scout and Brownie Survey)

Dear Parents or Guardians:

The Boy Scouts of America (Girl Scouts of America) offer an exciting and adventure-filled program for students in first grade through high school. If you are interested in learning more about Scouting, please complete this form and return it to the school office.

Sincerely,

_____
Principal

_____ Yes, my child is interested in being a Scout, and would like more information.

Child's Name: _____
Address: _____
City: _____ Zip: _____
Telephone: (home)_____ (work)_____
Grade: _____ Age: _____

Parent/Guardian: _____
Date: _____

Encuesta de los Boy Scouts y Cub Scouts
(Encuesta de las Girl Scouts y Brownies)

Estimados Padres o Tutores:

Los Boy Scouts of America (Girl Scouts of America) ofrece un emocionante programa, lleno de aventuras, para niños(as) de primer año hasta secundaria. Si ustedes se interesan en saber más acerca de "Scouting," favor de completar este impreso y devolverlo a la oficina de la escuela.

Atentamente,

_____
Director(a)

____ Sí, mi hijo (hija) tiene interés en ser un(a) Scout, y le gustaría recibir más información.

Nombre del Niño(a): _____
Domicilio: _____
Ciudad: _____ Código Postal _____
Teléfono: (casa)_____ (trabajo)_____
Grado: _____ Edad: _____

Padre/Madre/Tutor: _____
Fecha: _____

Parent School Collaboration

Date: _____

Dear Parents or Guardians:

The **Individual Progress Report** is designed to inform you of your child's learning progress. The subject areas reflect the _____ State Department of Education guidelines for curriculum and the learning outcomes identified as essential by the _____ School District staff. Your child receives a grade for each of the major subject areas and the effort he/she has made in that area. The basic outcomes are listed under each subject area. A ___ will indicate an area of concern only where necessary.

Under this system you will receive three reports. The first formal contact is made with a parent/teacher conference after the first _____ weeks of instruction, at which time you will receive a written report. The following two reports will come after the next _____ week period and at the end of the school year.

As a parent, you can help at home by providing a definite time and place for home study free from distractions and interruptions, being a good listener when needed, and giving encouragement and approval for work well done.

If, at any time, you have a questions about your child's progress or program, please call the school and arrange an appointment with the teacher. The school phone number is _____. Remember, the education of your child is a parent/school partnership. You are always welcome to visit your child's school.

Sincerely,

_____
Principal

Fecha: _____

Estimados Padres o Tutores:

    El **Informe Individual de Progreso** sirve para informarles del progreso escolar de su hijo(a). Las asignaturas mencionadas reflejan los principios de aprendizaje identificados como esenciales por el Departamento de Educación del Estado de _____ y por el Distrito Escolar de _____. Su hijo(a) recibirá una calificación por cada una de las principales asignaturas y por el esfuerzo que él/ella haya puesto en esas materias. Los resultados básicos están enumerados bajo cada materia. Un/a ___ indicara un área preocupante, pero sólo donde sea necesario.

    En este sistema, ustedes recibirán tres reportes. La primera comunicación formal será una conferencia entre padre y maestro. En la conferencia, que tendrá lugar después de _____ semanas de instrucción, ustedes recibirán el primer reporte escrito. Los dos reportes siguientes se mandarán a casa después de _____ semanas y al final del año.

    Como padres, pueden ayudar en casa proporcionando un lugar adecuado y suficiente tiempo sin distracciones ni interrupciones para el estudio que se hace en casa, así como prestándoles a sus hijos atención cuando sea necesario y dándoles ánimo y aprobación por el trabajo bien hecho.

    Si en cualquier momento tienen alguna pregunta tocante al progreso o programa de su hijo/a, favor de llamar a la escuela y hacer una cita con el maestro. El número de teléfono de la escuela es _____. Recuerde, la educación de su hijo/a es una asociación entre padres y escuela. Están siempre invitados a visitar la escuela.

Atentamente,

_____
Director(a)

PARENT CONFERENCES/MINIMUM DAY SCHEDULE

Dear Parents or Guardians: Date: _____

    On behalf of the entire _____ School staff, I would like to invite all parents of students on Tracks A and B to attend parent conferences on _____,
                                                                                                                                                (Day)

_____ _____ from _____ - _____ p.m. Parent conferences afford you
  (Month)   (Date)

the opportunity to meet your children's teachers. The teachers will be available to discuss the progress of your child and answer any questions you may have regarding the classes they teach.

    On the following day, _____, _____ _____, the students will be
                                                     (Day)   (Month)   (Date)

having a minimum day schedule. The students will be dismissed at _____ p.m.

    We are looking forward to seeing you on _____, _____.
                                                              (Day)   (Date)

    Please sign and return the tear-off with your child to his/her homeroom teacher.

                                                  Sincerely,

                                                 _____
                                                 Principal

To: Homeroom Teacher   Date: _____

Student's Name: _____

    I have received the letter announcing parent conferences and the minimum day schedule with dismissal at _____ p.m.

       _____ I plan to attend.   _____ I do not plan to attend.

_____
            Parent/Guardian Signature

Estimados Padres o Tutores: Fecha: _____

De parte de todo el personal de la escuela _____ nos complace invitar a todos los padres de los estudiantes de los horarios A y B a asistir a conferencias de padres el _____, _____ de _____ de _____ a las _____ p.m.
      (Día)   (Fecha)   (Mes)

Las conferencias de padres les proporciona a ustedes la oportunidad de conocer a los maestros de su hijo/a. Los maestros estarán a su disposición para comentar sobre el progreso de su hijo/a y responder a sus preguntas acerca de sus clases.

El día siguiente, _____, _____ de _____, los estudiantes tendrán
                  (Día)   (Fecha)   (Mes)

un horario de día reducido y saldrán a las _____ p.m.

Esperamos verlos el _____, _____ de _____.
               (Día)   (Fecha)   (Mes)

Por favor firmen y devuelvan la parte de abajo por medio de su hijo/a al maestro de salón principal.

Atentamente,

_____
Director(a)

Al: Maestro del Salón Principal: Fecha: _____

Nombre del Estudiante: _____

He recibido la carta anunciando las conferencias de padres y el día reducido con salida de los estudiantes a las _____ p.m.

_____ Asistiré. _____ No puedo asistir.

_____
Firma del Padre/Tutor

PARENT CONFERENCE PROCEDURE EVALUATION

_____ School District

Home-School communication is a vital link for student success at school. The _____ School District staff is committed to this partnership and wants to provide consistent and valuable information to parents. Thank you for taking a few minutes of your time to help us evaluate and improve our parent conference procedures.

Part A

1. Did you attend parent conferences this year (_____, ___ and ___)?   Yes   No
                                                 (Month) (Day) (Day)
2. Did both parents attend the conference?   Yes   No
   If not (and both wished to attend), why not? _____
3. Did you take the opportunity to meet with any other staff member who works with   Yes   No
   your child? ___ Speech ___ L.A.S. ___ Resource ___ Chapter I _____ Other
4. Did any of your child's teachers request a conference prior to _____, ___?   Yes   No
                                                             (Month) (Day)
   How many?   1 2 3 4 5
5. Did you have baby-sitting problems?   Yes   No

Part B   (1-strongly disagree, 2-disagree, 3-no comment, 4-agree, 5-strongly agree)

1. We received adequate and timely information about conferences.   1 2 3 4 5
2. There was adequate time to meet with the teacher.   1 2 3 4 5
3. Our questions and concerns were answered.   1 2 3 4 5
4. We received sufficient information about our child's progress.   1 2 3 4 5
5. We were aware of our child's progress prior to the conference.   1 2 3 4 5
6. The environment was appropriate for discussing our child's progress.   1 2 3 4 5
7. The conference met our expectations.   1 2 3 4 5
8. We were able to meet with the teacher at the scheduled time.   1 2 3 4 5

Part C

1. How did you become aware of the conferences? (Newsletter, flyer, teacher note, student, marquee, etc.)
   Please list all: _____

2. What schedule would you prefer?
   _____ Wednesday evening/Thursday day and evening/Friday morning
   _____ Thursday day and evening/Friday morning
   _____ Thursday day/Friday day
   _____ _____

3. If you prefer evening times, how late should staff be available?
   _____ 6 p.m.   _____ 7 p.m.   _____ 8 p.m.

4. What additional information would you like to receive at conferences?
   _____

5. Other suggestions for improvement: _____

PARENT CONFERENCE PROCEDURE EVALUATION

Distrito Escolar de _____

La comunicación entre el hogar y la escuela es un eslabón vital para el éxito de los estudiantes en la escuela. El personal del Distrito Escolar de _____ está comprometido a mantener esta relación, y desea poder dar a los padres información consistente y valiosa. De antemano les damos las gracias por tomarse unos minutos para evaluar y mejorar nuestros procedimientos para las conferencias con los padres.

<u>Sección A</u>

1. ¿Pudieron asistir a la conferencia de padres este año (____, ____ y ____?   Sí   No
    (Mes) (Fecha) (Fecha)
2. ¿Fueron los dos padres a la conferencia? Si no (y los dos querían asistir), ¿por qué no?   Sí   No
    _____
3. ¿Tuvieron la oportunidad de conocer a otras personas que trabajan con su hijo/a?   Sí   No
    __ Terapeuta del habla y lenguaje __ Maestra especial (L.A.S.) __ Maestra de educación especial __ Maestra de lectura y matemáticas (Capítulo I) _____ Otra
4. ¿El/La maestro/a de su hijo/a pidió conferencia antes del ____ de _____?   Sí   No
    (Día) (Mes)
    ¿Cuántas veces?   1   2   3   4   5
5. ¿Tuvieron problemas para conseguir a alguien que les cuidara a sus hijos?   Sí   No

<u>Sección B</u>   (1-realmente no estoy de acuerdo, 2-no estoy de acuerdo, 3- sin comentario, 4-estoy de acuerdo, 5-estoy muy de acuerdo)

1. Recibimos suficiente información, y con bastante tiempo, sobre las conferencias.   1   2   3   4   5
2. Hubo suficiente tiempo para hablar con el/la maestro/a.   1   2   3   4   5
3. Recibimos respuestas a nuestras preguntas y preocupaciones.   1   2   3   4   5
4. Recibimos suficiente información sobre el progreso de nuestro hijo/a.   1   2   3   4   5
5. Sabíamos sobre el progreso de nuestro hijo/a antes de la conferencia.   1   2   3   4   5
6. El ambiente fue propicio para discutir el progreso de nuestro hijo/a.   1   2   3   4   5
7. La conferencia cumplió con nuestras expectativas.   1   2   3   4   5
8. Pudimos reunirnos con el/la maestro/a a la hora fijada.

<u>Sección C</u>

1. ¿Cómo supieron de la conferencia? (periódico de la escuela, noticia, nota de la maestra, estudiante, marquesina, etc.) Favor de indicar todos: _____

2. ¿Qué horario le gustaría?
    _____ miércoles por la tarde/jueves día y tarde/viernes por la mañana
    _____ jueves día y tarde/viernes por la mañana
    _____ jueves durante el día/viernes durante el día
_____

3. Si prefieren tarde, ¿hasta qué hora debe estar el personal disponible?
    _____ 6 p.m.   _____ 7 p.m.   _____ 8 p.m.

4. ¿Qué información adicional les gustaría recibir en las conferencias?
_____

5. Otras ideas para mejorar el sistema: _____

BILINGUAL ADVISORY COMMITTEE

Date: _____

Dear Parents or Guardians:

We are in the process of establishing a district Bilingual Education Advisory Committee. We would like to have representation from each district school having a Bilingual Education program.

Since your child's school has such a program, we invite your participation on the committee. Since a function of the committee is to develop a district master plan for bilingual education, it is important that all schools be represented.

Won't you join us at our next meeting, which will be held on _____ at ____ in the Board Room of the District Office? We need your suggestions and recommendations.

If you have any questions, please do not hesitate to call me at _____. I look forward to seeing you on _____.

Sincerely,

_____
Program Coordinator

Fecha: _____

Estimados Padres o Tutores:

Estamos tratando de establecer un Comité Asesor sobre la Educación Bilingüe. Queremos tener representantes de cada escuela en el distrito que tiene programas de educación bilingüe.

Ya que la escuela de su niño tiene este programa, le invitamos a participar en el comité. Como una de las funciones del comité es desarrollar un plan general del distrito para la educación bilingüe, es muy importante que todas las escuelas estén representadas.

¿Estarán con nosotros en la próxima reunión que será el _____ a las _____ en la Sala de Sesiones de la Oficina de Distrito? Necesitamos sus sugerencias y recomendaciones.

Si tienen alguna pregunta, me pueden llamar al número _____. Espero verlos el ____ de _____.

Atentamente,

_____
Coordinador/a de Programas

Dear Parents of Spanish-Speaking Families:

As President of the Committee of Spanish-Speaking Parents, it is my pleasure to welcome you to _____ School and urge you to become participating members of our organization.

The Committee of Spanish-Speaking Parents is a group composed of parents, guardians and community members who support and assist our young people during their high school years. We work as a liaison between the school and the family, with the goal of improving communication. We also provide a support network for those students who, for whatever reason, do not have the family support they need.

Our group meets the _____ _____ of each month at _____ p.m. in Room _____. I invite you to attend and hope to be able to count on your participation in our organization. Working together we can truly make a difference in the lives of our students.

                                        Sincerely,

                                        _____
                                        President
                                        Committee of Spanish-Speaking Parents
                                        _____ High School

Estimados Padres de Familia de Hispanoparlantes:

Como presidente del Comité de Padres de Hispanoparlantes es mi placer darles la bienvenida a la escuela _____, e invitarlos a participar como miembros en nuestra organización.

El Comité de Padres de Familias Hispanoparlantes es un grupo formado por padres, tutores y personas de la comunidad que quieren apoyar y ayudar a nuestros jóvenes durante sus años en la escuela preparatoria. Trabajamos como un enlace entre la escuela y la familia con el deseo de mejorar la comunicación. También proporcionamos apoyo y ayuda a los alumnos que, por cualquier razón, no tienen el apoyo familiar que necesitan.

Nuestro grupo se reúne el _____ _____ de cada mes a las ____ p.m. en el salón _____. Les invito a asistir y espero contar con su participación en nuestra organización. Verdaderamente, trabajando juntos podemos hacer una positiva contribución en la vida de los alumnos.

                         Atentamente,

                         _____
                         Presidente
                         Comité de Padres de Familias Hispanoparlantes
                         Preparatoria_____

SCHOOL SITE COUNCIL NOMINATIONS

Dear Parents or Guardians:

As a School Site Council Member for the past year, I would like to tell you about the Council and some of its responsibilities.

The Council is comprised of six parents, elected by parents, and six school staff members, elected by school personnel. The Council is responsible, by law, to oversee a budget of approximately $_____. The funds are used to improve or develop educational programs for students at _____ School. During the past year, the council has approved expenditures of funds for the following areas:

(1) Language Arts   (5) Physical Education
(2) Visual and Performing Arts (6) Computer Education
(3) Math   (7) Citizenship
(4) Science

Next year, starting _____, ____ parent positions will be open and need to be filled. The representatives elected by the parents will have a definite influence on the direction the educational process takes at _____ School. A qualified person has the following attributes: an interest in the education process, time to get involved in decision-making, and an ability to reflect _____ School's needs from the parents' perspective.

Election of new council members will take place on _____ _____.

If you are interested in becoming a School Site Council Member, please fill out the bottom portion and return it to school by _____. Your name will then be placed on the ballot.

Sincerely,

_____
Principal

School Site Council Nomination

( ) Yes, I would like to be considered for membership on the School Site Council.

Name: _____
Address: _____
Phone Number: _____

Signature: _____ Date: _____

SCHOOL SITE COUNCIL NOMINATIONS

Estimados Padres o Tutores:

Como Miembro del Consejo de la escuela _____ durante el año pasado, quisiera informarlos a ustedes sobre el Consejo y algunas de sus responsabilidades.

El Consejo consta de seis padres, elegidos por padres, y también seis miembros del personal de la escuela, elegidos por el personal de la escuela. El Consejo es responsable, según la ley, de fiscalizar un presupuesto de aproximadamente $ _____. Los fondos se usan para mejorar o desarrollar programas educativos para estudiantes en la escuela _____. Durante el año pasado, el Consejo aprobó gastos para las siguientes áreas:

(1) Lenguas y Letras
(2) Artes Visuales y Teatrales
(3) Matemáticas
(4) Ciencias
(5) Educación Física
(6) Educación de Computadora/Ordenadoras
(7) Ciudadanía

El próximo año, comenzando el _____, ____ puestos para padres estarán vacantes y se necesita ocuparlos. Los representantes elegidos por los padres tendrán considerable influencia sobre la dirección de los procesos educativos en la escuela _____. Un candidato adecuado debe tener los atributos siguientes: interés en el proceso educativo, tiempo para participar en la adopción de medidas, y capacidad para hacerse cargo de las necesidades de la escuela _____ desde la perspectiva de los padres.

La elección de los nuevos miembros del Consejo tendrá lugar el _____ de _____.

Si Uds. está interesado en ser un miembro del Consejo Escolar de la escuela _____, favor de llenar la porción inferior y devolverla a la escuela para el _____. Su nombre entonces se incluirá como candidato.

Atentamente,

_____
Director(a)

Nominación del Consejo Escolar

( ) Sí, quisiera ser considerado para miembro del Consejo Escolar.

Nombre: _____
Dirección: _____
Número de Teléfono: _____

Firma: _____ Fecha: _____

PARENT/SCHOOL ASSOCIATION MEMBERSHIP DRIVE

Parent/School Membership Drive

Dear Parents or Guardians: Date: _____

    Welcome back to _____ School for another exciting and productive school year. The _____ Parent Teacher Association is already busy, working to make _____ the best possible school.

    We have set aside the week of _____ for our annual membership drive. This is your opportunity to show your support for your school. Even if you don't have time to attend meetings or volunteer for other activities, you can be a part of _____ School by becoming a member of the PTA.

    Membership is $_____ per family. This is a minimum and we would like to encourage those who can to donate more. The more you donate the more we can do for your children. All money collected is used for _____ School. Also keep in mind that we welcome memberships from all interested community members (grandparents, relatives, friends and neighbors).

    Our funds go towards many worthwhile projects that otherwise would not receive funding. Money is used for our very successful reading program. We sponsor special assemblies and health and safety programs. We also purchase library books, computer programs and playground equipment.

    Please help us help our school! Our goal this year is to have 100% participation. This year we will have a special assembly on _____, _____. The assembly is an educational
                                                        (Day)   (Date)
and exciting show on _____. All classes that reach 60% or higher in participation will be attending the assembly.

    Please return the attached envelope as soon as possible. Each child will be given credit for his or her class if you return one family envelope. Make checks payable to the _____ School PTA.

    Also attached is a volunteer form. Please check where you would like to help and return with your membership envelope. We need your help!

    All parents are invited to attend PTA meetings, held the first _____ evening of the
                                                                                                                                                    (Day)
month at _____ School in the library. Our first meeting will be _____. We hope to see you there!

Please Join Today!

Thank You!

PARENT/SCHOOL ASSOCIATION MEMBERSHIP DRIVE

Campaña de la Escuela para el Reclutamiento de Socios de P.T.A.

Estimados Padres o Tutores: Fecha: _____

    Bienvenidos a la escuela _____. Esperamos tener un año muy productivo. La Asociación de Padres y Maestros (PTA) está activamente trabajando para hacer de _____ la mejor escuela posible.

    La semana de _____ va a ser la semana en que pueden hacerse socios de este grupo. Esta es su oportunidad de demostrar apoyo a nuestra escuela. Aunque no tengan tiempo de venir a las reuniones o tomar parte en las actividades, ustedes pueden ser parte de la escuela _____ haciéndose miembros de PTA.

    Cuesta $_____ por familia. Esto es el mínimo pero queremos animar, a aquellos que puedan, a donar más. Cuanto más den más podemos hacer por sus hijos. Todo el dinero recaudado será para uso en la escuela _____. Tengan presente que también damos la bienvenida como socios a personas de la comunidad interesadas en nuestra escuela (abuelos, parientes, amigos y vecinos).

    Los fondos se usan para muchos valiosos programas que, de otra manera, no recibirían fondos. El dinero es usado para programas de lectura, para asambleas especiales y programas de salud y seguridad. También se compran libros para la biblioteca, programas para computadoras, y equipo para el campo de recreo.

    ¡Por favor ayúdenos a ayudar a nuestra escuela! Este año deseamos tener el 100% de participación. Tendremos una asamblea especial el _____, _____ .
                                                                                      (Día)   (Fecha)

La asamblea es una función educacional y un agradable espectáculo el _____. Las clases con el 60% o más de participación van a asistir a esta asamblea.

    Favor de devolver el adjunto sobre tan pronto como sea posible. Cada niño/a recibirá crédito para su clase si devuelven un sobre por familia. Los cheques deben estar escritos a nombre de PTA de la escuela _____.

    Adjunto también encontrará un impreso para voluntarios. Favor de marcar en qué les gustaría ayudar y devuelvan el impreso a la escuela con su sobre. ¡Necesitamos su ayuda!

    Todos los padres están invitados a las juntas de PTA, cada primer _____ del mes
                                                                                                         (Día)
a las _____ de la tarde en la biblioteca de la escuela _____. La primera reunión será el
     (Hora)
_____. ¡Esperamos verlos allí!
   (Fecha)

¡Favor de Asociarse Hoy!

¡Muchas Gracias!

School Volunteers

Become a _____ School Volunteer! We are always in need of volunteers for various PTA and school activities. Students love it when their parents take an active part at their school. If you can spare the time now and then, it would be greatly appreciated. Please check your area of interest and return with your membership envelope.

<u>PTA Activities I'd Like to Help With</u>:

____	Assemblies	____	Supermarket Receipts
____	Hospitality	____	Room Mother Coordinator
____	Book Projects	____	Holiday Boutique/Santa's Secret Shop
____	School Newsletter	____	School Pictures
____	Safety	____	Fashion Show
____	School Spirit (T-Shirts)	____	Book Recycling
____	Book Fair	____	Memory Book
____	Magazine Drive	____	Site Council Representative
____	Publicity		

<u>Other Ways I'd Like to Help</u>:

____	Room Mother or Father	____	In the computer lab
____	In the library	____	Help with special events (class parties, field trips)

The best days and times for me to help are: _____

Name: _____ Phone: _____

Children's Names: _____ Teachers: _____

<u>Thank you!</u>

Voluntarios de la Escuela

¡Sea un Voluntario en la Escuela _____! Siempre necesitamos voluntarios en la asociación de PTA y actividades de la escuela. A los estudiantes les encanta cuando sus padres participan de manera activa en su escuela. Se le agradecería mucho si, de vez en cuando, puede darnos de su tiempo para ayudarnos. Favor de marcar en qué le gustaría ayudar y devuelva el impreso en su sobre de asociación.

<u>Actividades de PTA en que Me Gustaría Ayudar</u>:

____	Asambleas	____	Recibos de Supermercados
____	Hospitalidad	____	Coordinadora de las Madres Representantes del Salón
____	Proyectos de Libros	____	Venta de Navidad
____	Periódico de la Escuela	____	Fotos de la Escuela
____	Seguridad	____	Desfile de Modas
____	Venta de Camisetas	____	Recirculando los Libros
____	Feria de Libros	____	Libro de Memorias
____	Venta de Revistas	____	Representante del Consejo de la Escuela
____	Publicidad		

<u>Otras Maneras en que Me Gustaría Ayudar</u>:

____	Ayudante en el salón	____	En el laboratorio de computadoras
____	En la biblioteca	____	Ayudante con fiestas, excursiones educativas, etc.

Los mejores días y horas en que me gustaría ayudar son: _____
_____

Nombre: _____   Teléfono: _____
Nombres de los Hijos: _____   Maestros: _____
_____   _____
_____   _____
_____   _____

<u>¡Muchas Gracias!</u>

PARENT TEACHER FORUM MEETING NOTICE

Date: _____

Parent Teacher Forum Meeting

We will have our next Parent Teacher Forum meeting on _____, _____, _____, at _____ p.m. in the school library. We will be discussing our School Improvement Program and the spring Program Quality Review. We will also be introducing the plan we have for building a comprehensive Disaster Preparedness Plan.

Fecha: _____

Reunión del Foro de Padres y Maestros

Tendremos nuestra próxima reunión del Foro de Padres y Maestros el _____, _____ de _____, a las _____ p.m. en la biblioteca de la escuela. El tema de discusión será nuestro Programa Para Mejorar la Escuela y la Revisión de la Calidad del Programa de primavera. También presentaremos las ideas que tenemos para formar un plan completo de Preparación en Caso de Desastre.

Parent Teacher Forum Elections

We have just one main agenda item planned for this last meeting of the school year. It is the election of PTF Board Members.

At our last meeting, it was requested that we send home the available Board positions along with a job description of each. Here is the information:

(1) <u>President</u>: Presides over all meetings of the PTF, enforces bylaws of PTF, represents the school at monthly meetings with the Superintendent, is a member of the School Site Council, and performs such duties as custom and parliamentary usage require.

(2) <u>Vice President</u>: Assists the president in all duties, serves as room-mother chairperson, takes over for the president in case of emergency.

(3) <u>Secretary</u>: Attends PTF meetings, records meeting minutes, handles correspondence, serves as chairperson for the PTF newsletter.

(4) <u>Treasurer</u>: Handles all PTF funds, deposits all PTF funds and maintains accurate records, pays all PTF bills, gives annual accounts of PTF activity.

(5) <u>Safety Chairperson</u>: Attends monthly meetings at the District Safety Committee, keeps advised of safety concerns at school, contributes to formation of "Safe Routes to School."

(6) <u>School Site Council</u>: This group works to better form a two-way communication between school and community, to help the principal on matters dealing with the general education and implementation of the School Improvement Program.

(7) <u>Fund-Raising Chairpersons</u>: We would like to have committee chairs for the Carnival, the Jog-a-Thon, Picture Day, Teacher Appreciation, and Fifth-Grade Graduation.

All of these jobs can be easy and fun if enough people pitch in to help. It becomes more difficult when only a few people do all of the work. Please come to the meeting and join us on the PTF so we can have a great year next year.

Elecciones del Foro de Padres y Maestros

Sólo tenemos un asunto que discutir en esta última reunión de este año escolar. Es la elección de Miembros de la Mesa Directiva del Foro de Padres y Maestros.

Durante nuestra última reunión, se pidió que mandáramos a casa información sobre los puestos de la Mesa Directiva disponibles con la descripción de cada uno, así que aquí está la información:

(1) Presidente: Preside en todas las juntas del Foro, hace cumplir todos los estatutos del Foro, representa a la escuela en reuniones con el (la) superintendente, es miembro del Concilio de la Escuela, y desempeña las obligaciones que la costumbre y las reglas parlamentarias requieren.

(2) Vicepresidente: Asiste al presidente en todas sus obligaciones, es presidente de las madres de salón, asume el puesto de presidente en casos de emergencia.

(3) Secretario: Asiste a las reuniones del Foro, toma nota de lo dicho y decidido en las reuniones, se encarga de la correspondencia, es presidente del boletín del Foro.

(4) Tesorero: Se encarga de todos los fondos del Foro, deposita todos los fondos y lleva escrupulosamente las cuentas, paga todos los gastos del Foro, y da una cuenta anual de todas las actividades del Foro.

(5) Presidente de Seguridad: Asiste a juntas mensuales del Comité de Seguridad del Distrito, está al tanto de los asuntos concernientes a la seguridad en la escuela, ayuda a establecer "Caminos Más Seguros para Ir a la Escuela."

(6) Concilio de la Escuela: Este grupo trabaja para fomentar una mejor comunicación entre la escuela y la comunidad, ayudar al director (a la directora) en asuntos relacionados con la educación en general y poner en práctica el Programa de Mejoramiento Escolar.

(7) Presidentes para Recaudación de Fondos: Nos gustaría tener presidentes de comités para el Carnaval, Carreras-Caminatas, Día de Fotos, Día de Aprecio al Maestro, y la Graduación de los estudiantes del Quinto Grado.

Todos estos puestos pueden ser muy fáciles y agradables si hay bastantes personas que ayuden. Se hace más difícil cuando sólo unas cuantas personas hacen todo el trabajo. Por favor vengan a la reunión y únanse a nosotros en el Foro para que tengamos un gran éxito el próximo año.

HELPING A CHILD AT HOME

Dear Parents or Guardians: Date: _____

Learning to read is an important event in your child's life. We would like to share with you some suggestions for making this experience a pleasant one.

(1) Have your child read the book to you (or you read the book to your child) and tell you about the pictures.

(2) Really listen when he/she reads to you.

(3) When your child reads provide help with new words and sounds.

(4) Enjoy books with your child. Have fun discussing the favorite parts of the story.

(5) Let your child see you reading for enjoyment.

(6) Help your child find a good place to read--good light is important.

(7) Help your child find a place for library books out of reach of the family pet and little brothers and sisters.

(8) Ask the teacher or librarian for ways to encourage your young reader and for help in choosing books to read or to purchase for your child's home library.

(9) Check-out is for one week. Since _____ is library day, help your child remember to return the library book on that day.

Thank you,

_____
Resource Center Clerk

PS: Please remember to send any library books accidentally damaged to school for repair. Do not mend library books at home. The school policy is if a book is damaged beyond repair or lost, the parents are responsible for payment of the book.

Estimados Padres o Tutores: Fecha: _____

Aprender a leer es un acontecimiento importante en la vida de su niño/a. Queremos compartir con ustedes algunas sugerencias para hacer esta experiencia más agradable.

(1) Dejen que su hijo/a les lea el libro a ustedes (o usted léanle el libro a su hijo/a) y dejen que les hablen sobre los dibujos.

(2) Escuchen con interés y atención cuando él/ella les lee los libros.

(3) Cuando su hijo/a lee, ayúdenle con las palabras o sonidos nuevos.

(4) Gocen de los libros con su hijo/a. Diviértanse comentando la parte de la lectura que les gustó más.

(5) Dejen que su hijo/a les vea leyendo por el placer de leer.

(6) Ayúdenle a encontrar un buen sitio para leer, donde haya buena luz.

(7) Ayúdenle a buscar un sitio en la casa para poner los libros de la biblioteca, donde los hermanitos y los animales no los puedan tocar.

(8) Pídanle a los/las maestros/as o a el/la bibliotecario/a ideas para ayudar a su hijo/a a mantener el interés en la lectura y a buscar libros en la biblioteca que le gusten o que puedan comprar para tenerlos en casa.

(9) Los libros se sacan por una semana. Ya que el _____ es el día de la biblioteca, recuérdenle a su hijo/a que debe regresar los libros ese día.

Gracias,

_____
Oficinista del Centro de Recursos

PS: Por favor recuerden que deben devolver los libros que se hayan dañado accidentalmente para repararlos. No los reparen en casa. Las reglas de la escuela dicen que si el estudiante pierde un libro o lo daña demasiado, los padres tienen la responsabilidad de pagar por el libro.

PARENT-CHILD READING PROGRAM

Dear Parents or Guardians: Date: _____

During the month of _____, _____ School will begin an optional parent/student reading program that will ask you to read with your child at home for five to fifteen minutes each evening. We would like you to verify your child's participation in this program by signing the Parent's Verification Form each evening that you and your child read together.

We have three suggestions that will help you and your child participate in this reading program. (1) You can read aloud while your child follows along with your reading; (2) you can listen as your child reads to you; (3) you can read silently together and then discuss what you've read when you both have finished. Reading in both English and Spanish are equally effective, although it is preferred that you read in English.

If you need magazines to use in your reading, they will be distributed during the lunch period each _____ in the library. Also, your child can check out library books from the school library or your local library.

We urge all parents to become involved in this program. Please fill out the slip below and return it to your child's homeroom teacher. Pledge slips are due _____, _____ _____. Certificates of Participation will be awarded to all parents and students who complete the program through the month of _____.

Thank you for your cooperation.

Sincerely,

_____
Principal

Return by: _____
(Date)

Parent Verification Form

I pledge to use at least five minutes each day to read with my son or daughter.

Parent/Guardian Signature: _____

I pledge to remind my parents to read with me for at least five minutes each day.

Student's Signature: _____

Homeroom Teacher: _____

Estimados Padres o Tutores: Fecha: _____

Durante el mes de _____, la escuela _____ va a implementar un programa optativo de lectura para los estudiantes/padres. Les pedimos que lean de cinco a quince minutos con su hijo(a) en casa todas las noches. Nos gustaría verificar la participación de ustedes. Favor de firmar la parte de abajo, Impreso de Verificación de Participación de Padres, donde aceptan leer con su hijo(a) todas las noches.

Tenemos tres sugerencias que les ayudarán a participar en este programa de lectura. (1) Lean en voz alta mientras su hijo(a) sigue la lectura con la vista; (2) escuchen a su hijo(a) mientras les lee a ustedes; (3) pueden leer en silencio juntos y luego comentar lo leído. Leer en inglés y en español es igualmente eficaz, aunque es preferible que lean en inglés, si es posible.

Si necesitan revistas para leer con su niño(a), serán distribuidas en la biblioteca de la escuela durante la hora del almuerzo todos los _____. También recuerden que su niño(a) puede obtener libros de la biblioteca escolar y de la biblioteca local de su comunidad.

Animamos a todos los padres a participar en este programa. Por favor llenen el impreso de abajo y regréselo al maestro de su hijo(a). Los impresos deben de mandarse no más tarde del _____, _____ de ____. Certificados de Participación serán otorgados a todos los padres y estudiantes que participen hasta el mes de _____.

Gracias por su cooperación.

Atentamente,

_____
Director(a)

Devolver a más tardar: _____
(Fecha)

Forma de Participación de Padres/Estudiantes

Prometo leer por lo menos cinco minutos todas las noches con mi hijo(a).

Firma del Padre/Tutor: _____

Prometo recordar a mis padres que lean conmigo por lo menos cinco minutos todas las noches.

Firma del Estudiante: _____

Nombre del Maestro del Salón Principal: _____

ADULT EDUCATION

Date: _____

Dear Parents or Guardians:

    Beginning _____, _____ we are offering classes in English
                     (Day)   (Date)
for adults, here at _____ School. The classes will take place from
_____ p.m. to _____ p.m. on _____ and _____. This will be a class for beginners. If you know someone who is interested, please contact the school office or return the form below.

    <u>Please share this letter with your neighbors who do not speak English.</u>

    Thank you,

    _____
    Principal

_____ Yes, I would like to attend the beginning adult English classes.

_____
Name

_____
Address

_____
City

_____
Telephone

ADULT EDUCATION

Fecha: _____

Estimados Padres o Tutores:

Comenzando el _____, _____ de _____ ofreceremos aquí en la Escuela _____, clases de inglés para adultos. Las clases serán de _____ p.m. a _____ p.m. los _____ y _____. Estas clases serán para principiantes. Si conoce a alguien que esté interesado, por favor llamen a la oficina de la escuela o devuelvan el formulario de abajo.

(Día) (Fecha) (Mes)

<u>Por favor pasen esta nota a sus vecinos que no hablan inglés.</u>

Muchas gracias,

_____
Director(a)

_____ Sí, quiero asistir a las clases de inglés para principiantes adultos.

_____
Nombre

_____

_____
Dirección

_____
Ciudad

_____
Teléfono

Date: _____

Teacher Appreciation Week

Next week is Teacher Appreciation Week. We would like to have a luncheon for the teachers on _____. If you can help out by sending in a main dish or a salad for the buffet table, please contact _____ at _____. Please help us show the teachers we appreciate them.

Thank you.

Fecha: _____

Semana de Estimación al Maestro

La semana que entra es la Semana de Estimación al Maestro. Nos gustaría tener un almuerzo para los maestros el día _____. Si desea ayudarnos, puede preparar y mandar ese día un platillo fuerte o una ensalada para el buffet. Por favor llame a _____ al número de teléfono _____. Ayúdenos a mostrarles a los maestros que los apreciamos.

Gracias.

Family Night Picnic

What: Your family is cordially invited to a picnic in the lunch area at _____ School. This is an opportunity for you to come and meet other parents as well as many of the other children your child sees daily.

When: _____ _____ p.m. to _____ p.m.

Cost:
Hot Dog .... $_____	Chili Dog .... $_____
Chips	Chips
Hot/Cold Drinks	Hot/Cold Drinks
Cookie	Cookie

Additional Hot Dogs will be available for purchase.

Also: Dessert Auction - take a dessert home with you! The Dessert Auction will take place at _____. The proceeds of this auction will be used to pay for student incentives throughout the year.

We hope everyone will be able to attend--See you there!
Please R. S. V. P.

Tear Off and Return to Classroom Teacher

_____ Yes, we will attend.
_____ Number of dinners you plan to purchase. (Do not send money now.)

_____ No, we will not be able to attend.

Student's Name: _____

Parent/Guardian Signature: _____

_____ Yes, I can donate a dessert for the auction. (If so, someone will call you with instructions about when and where to bring your dessert. Please plan on putting your dessert on a disposable plate.)

Your Name: _____

Phone Number (daytime): _____

SCHOOL/FAMILY PICNIC

"Noche de "Picnic" para las Familias

Qué: Los invitamos cordialmente a asistir y participar a un "Picnic" en el área de almuerzo en la escuela _____. Esta es una oportunidad para que conozcan a los compañeros de sus hijos(as) y a sus padres.

Cuándo: _____   _____ p.m. hasta _____ p.m.

Costo:
Perro Caliente .... $____	Perro Caliente con "Chile" ..... $____
"Chips" (Papitas)	"Chips" (Papitas)
Bebidas frías/calientes	Bebidas frías/calientes
Galleta	Galleta

Tendremos a la venta "Perros Calientes" adicionales.

También: ¡Subasta de Postres - llévense un postre a casa! La Subasta de Postres será a las _____. Las ganancias procedentes de esta subasta pagará por incentivos para los estudiantes durante este año.

Ojalá que todos puedan asistir--nos veremos allí.
Favor de responder

Recorte Aquí y Devuélvalo al Maestro con su Respuesta.

____ Sí vamos.
____ Número de comidas de "Perros Calientes" que desean comprar.
(No manden el dinero ahora.)

____ No podemos ir.

Nombre del Estudiante: _____

Firma del Padre/Madre/Tutor: _____

____ Sí puedo donar un postre para la subasta. (Si marcan que sí, alguien los llamará para decirles cuándo y a dónde traer su postre. Por favor pongan su postre en un plato desechable.)

Su Nombre: _____

Teléfono (durante el día): _____

SCHOOL/FAMILY PICNIC TICKET SALE

Date: _____

Picnic Ticket Presale

The tickets for the family picnic will be on sale this _____ before school, from _____ to _____ and after school, from _____ to _____.

Beat the crowd. Avoid the lines. Buy your tickets before _____ evening.

Anyone donating a dessert for the auction may bring it to school anytime on _____ or bring it when you come to the picnic _____ evening. To help the auctioneer, please label what the dessert is. If you make something special, perhaps you would like to include the "Family Recipe" with the dessert.

Fecha: _____

Pre-venta de Boletos para el "Picnic"

La venta de boletos para el "picnic" familiar será este _____ antes de que empiecen las clases de _____ a _____ y después de las clases de _____ a _____.

Eviten tener que esperar en cola. Compren los boletos antes del _____ por la tarde.

Las personas que quieran donar un postre para la subasta pública pueden traerlo el _____ a la escuela a cualquier hora, o pueden traerlo cuando vengan al "picnic" el _____ por la tarde. Para ayudar al subastador, favor de indicar qué clase de postre es. Si hacen algo especial, tal vez quieran incluir "La Receta de la Familia" con su postre.

You're Invited to Back-to-School Night

You are invited to attend Back-to-School Night at _____ School on _____, _____, 19__ at _____ p.m.

One of the most important meetings of the year is the fall "Back-to-School Night." This is a time for parents to come to school without the children to meet the teacher and learn what is expected in each classroom for the year. Teachers will be talking to you about the grading system they use, the homework policy, the room standards and, in general, what is expected of your child in that particular classroom. This is a meeting where teachers are explaining things to parents and they do need the entire allotted time.

We ask that you do not bring children to this particular event. When we have Open House (in the spring) we invite the children to come to show their parents their work on display and see what they are doing in their classroom.

Schedule

_____ - _____ p.m.	1st and 2nd Grade Rooms
_____ - _____ p.m.	PTA meeting in the Library
_____ - _____ p.m.	3rd and 4th Grade Rooms
_____ - _____ p.m.	Kindergarten and 5th Grade Rooms

See You There!

Usted Está Invitado

a la Noche del

"Regreso-a-la-Escuela"

Usted está invitado a asistir a la noche del "Regreso-a-la-Escuela"
en la Escuela _____
el _____, _____ de _____, 19__ al _____ p.m.

Una de las reuniones más importantes del año es "La Noche del Regreso-a-la-Escuela" en el otoño. Esta noche les dará la oportunidad para que vengan a la escuela sin los niños y conozcan a los maestros y sepan qué es lo que cada clase espera de los estudiantes durante este año escolar. Los maestros les informarán sobre el sistema de dar calificaciones, de las normas a seguir con la tarea, de la norma de cada salón, y en general de lo que se espera de su niño/a en esa clase en particular. Esta es una reunión donde los maestros/as les explicarán cosas a los padres, y necesitan todo el tiempo reservado.

Les pedimos que no traigan a los niños esa noche a esta particular reunión. Cuando tengamos "Casa Abierta" (en la primavera) invitaremos a los niños a que vengan con sus padres para que les enseñen a ellos el trabajo que han hecho y están haciendo en su clase.

Horario

____ - ____ p.m.	Los salones del 1º y 2º grado
____ - ____ p.m.	Reunión de PTA (Padres con Maestros) en la Biblioteca
____ - ____ p.m.	Los salones del 3º y 4º grado
____ - ____ p.m.	Los salones de Kínder y 5º grado

¡Nos Veremos Allí!

OPEN HOUSE REMINDER

Date: _____

Dear Parents or Guardians:

_____ School will hold its annual Open House for all parents on _____, _____. All classrooms will be open between
 (Day)   (Date)
_____ p.m. to _____ p.m.

For your convenience we will have a table set up in the office patio where you may become a registered voter.

All lost and found articles will be placed on tables located in front of the office. Please check for any lost items belonging to your child.

We look forward to seeing you on the _____.

Sincerely,

_____
Principal

OPEN HOUSE REMINDER

Fecha: _____

Estimados Padres o Tutores:

La escuela _____ tendrá su Visita Anual a los Salones de Clase para todos los padres el _____ _____. Todos los salones de clase
                                                    (Día)   (Fecha)
estarán abiertos de las _____ p.m. a las _____ p.m.

Para su conveniencia tendremos una mesa lista frente a la oficina para que ustedes puedan registrarse para votar.

Pondremos todos los artículos perdidos y encontrados en mesas delante de la oficina. Favor de revisar por si su hijo/a tiene algún artículo allí.

Esperamos verlos el día _____.

                                             Atentamente,

                                             _____
                                             Director(a)

District GATE Parent Meeting

Who: Parents of Elementary Students who recently qualified for GATE

What: Welcome Meeting for Parents

When: _____

_____ - _____ p.m.

Where: Room _____

_____

Why:
- To provide an overview of gifted programs
- To meet parents of other gifted students
- To encourage involvement and participation

Please plan to join us!

Call _____, Director of Educational Services, at _____ if you have any questions.

Junta para Padres del Distrito en el Programa GATE

Quiénes: Padres de alumnos de las escuelas primarias que recientemente hayan calificado para GATE (Educación para Alumnos Dotados y Talentosos)

Qué Junta de Bienvenida para Padres

Cuándo: _____
de _____ - _____ p.m.

Dónde: Salón _____
_____

Para qué
- Para dar información sobre los programas GATE
- Para conocer a padres de otros alumnos dotados
- Para motivar la participación

¡Por favor vengan a acompañarnos!

Llamen a _____, Director/a de Servicios Educacionales, al _____, si tienen alguna pregunta.

Please call 1-800-633-5544

for

- product information

- a catalog

- information regarding discounts

We look forward to

serving you.

Ammie Enterprises
P.O. Box 151
Fallbrook, CA 92088-0151